中国古典诗词选读
（130首）

刘晓玲　甘婷　著

中国社会科学出版社

图书在版编目（CIP）数据

中国古典诗词选读：130首/刘晓玲，甘婷著. —北京：中国社会科学出版社，2024.2
ISBN 978-7-5227-3366-1

Ⅰ.①中… Ⅱ.①刘… ②甘… Ⅲ.①古典诗歌－中国－对外汉语教学－语言读物 Ⅳ.①H195.5

中国国家版本馆CIP数据核字（2024）第065707号

出 版 人	赵剑英
责任编辑	张　潜
责任校对	王丽媛
责任印制	王　超

出　　版	中国社会科学出版社
社　　址	北京鼓楼西大街甲158号
邮　　编	100720
网　　址	http://www.csspw.cn
发 行 部	010-84083685
门 市 部	010-84029450
经　　销	新华书店及其他书店
印　　刷	北京明恒达印务有限公司
装　　订	廊坊市广阳区广增装订厂
版　　次	2024年2月第1版
印　　次	2024年2月第1次印刷
开　　本	787×1092　1/16
印　　张	26.75
字　　数	322千字
定　　价	128.00元

凡购买中国社会科学出版社图书，如有质量问题请与本社营销中心联系调换
电话：010-84083683
版权所有　侵权必究

在理念突破中创新、在文化实践中立人
（代序）

打开刘晓玲教授的新著《中国古典诗词选读130首》，春风扑面而来。阅读以后，觉得该书有以下几个突出的特点。

第一，彻底改变了文本中心的传统，自始至终把促进学习者的创造性发展置于学习活动的中心。

朱熹在《论语集注》序言中谈道："本之注疏以通其训诂，参之释文以正其音读，然后会之于诸先生之说以发其精微。一句之义，系之本句之下；一章之旨，列之本章之左；以平生所闻于师友而得于心思者，间附一二条焉。本末精粗，大小详略，无敢偏废也。然本其所以作，取便于童子之习而已。"意思是说，读本的选文非常重要。一方面，要加强注释，让学生在理解字词、读准字音的基础上，再进一步至于"义理"，即文章的思想和精神。另一方面要"便于童子之习"。由此可见，中国古代教育家非常注重"选本"的问题，这也形成了中国教育读本的建设理念，即文本中心论。传递中华文明的读本，从《昭明文选》《古文观止》到《中国历代文学作品选》《大学语文》，几千年来都遵循了文本中心的理念。

曾国藩在《谕纪泽》中所讲到的"涵咏体察"之法，传达了一种新的理念，类似于我们今天倡导的"言语实践"的学习方法。即读本不是让学生学习静态的文学知识，而是通过言语实践的过程激发学生动态的言语习得能力，体现"以学生发展为中心"的精神，这就需要读本由"教"的设计向"学"的设计转型。改革开放以来，中西文化的交流，尤其需要一种适合于参与互动的学习方式，需要一种以学习者为中心的读本设计，可以说，刘晓玲教授的著作是一种引领潮流的创造性突破。

第二，读本学习过程的设计充分体现了"同构关系"的科学理论，保证了学习者的有效性发展。

学习活动的展开，应该遵循"同构关系"的科学理论，才能够保证学习的有效性，才能够保证学习者的创造性发展。所谓"同构关系"，是指系统的整体矢量和它所含有的各个层级结构分量之间的展开式。任何系统的整体和部分之间都存在一种关系，如一艘船在大海上的位置必须用经度和纬度两个数来确定，"位置"是一个矢量，含有两个分量，只知道一个分量便无法确定矢量。语文言语能力是一个矢量，它的展开式包含六个分量，即聆听、阅读、对话、写作、探究、审美。换一句话说，一种展示了学习者言语能力充分发展的有效性学习活动，必须依次以聆听、阅读、对话、写作、探究、审美的方式展开，如果其中有一项互动缺失，"短板效应"会导致整个活动水平的下降。

比如，《选读》第二章"游景观"的设计，首先有聆听和阅读，这些在传统学习中都可以看到，分别设计了以下活动：正文《乐游原》含示范性朗读——作者介绍——注释——现代文翻译——诗文解析。其次有对话、写作、探究与审美活动，以练习形式来有序展开：摹写下列汉字——扮演诗人形象讲述《乐游原》的故事——仿写下列诗句并请同伴点评——品一品"夕阳无限好，只是近黄昏"的意境美——配乐朗诵《乐游原》。其余的课节结构与此基本一致，同构关系与反馈矫正的科学学习机制在学习活动的展开式中发挥了有效作用，体现了由文本中心向促进学习者发展为中心的科学理念的落实。

第三，留学生不只是在学习中华优秀传统文化，他最终也成了中华优秀文化的一分子。

中华优秀传统文化博大精深，对于留学生来说，语言问题、文化差异问题会带给他们的认知理解与情感认同过程深深的困惑。如何寻找一个突破口，由浅入深，由易到难，由排斥到喜欢，让学习者走进中国文化传统，喜欢中国文化传统，融入中国文化传统，刘晓玲教授和她的团队做了许多有意义的尝试。

本书通过六章130个课节的设计，选择了适合于留学生学习的130首

中国古典诗词，内容涉及社会生活的方方面面，通过丰富多彩的学习活动形式，经历多年的教学实践，不辞辛苦，反复修改，终于为我国国际文化交流教育领域奉献了一项宝贵的成果，也为我国其他教育领域的专家打开了一扇新的窗户。

衷心地祝贺《中国古典诗词选读130首》的出版发行，并且向刘晓玲教授团队的每一位工作者表达一个退休者发自内心的赞叹！

靳　健

西北师范大学教授、博士生导师

2023年5月18日于西北师范大学

前　　言

中国古典诗词是中文学习者学习中国故事的重要语料。流传千古的经典作品均以情真意切且有个性的境界作为审美创作的目标，其内容包含了中国人与自然和谐共处，与家人亲密无间，与朋友情感相依，对战争的厌恶。为留学生准备的这本《中国古典诗词选读130首》（以下简称"选读"）主要从唐诗宋词中甄选了75位作者的130首作品，分赞自然、游景观、诉友情、咏生活、吟节俗、评战争六个单元，较为全面地展示了共同的语言、共同的地域、共同的经济生活、共同文化之上中国人共同的价值观念，同时也反映了不同社会阶层，不同身份的人们的心理诉求。在内容的理解方面，关注学习者的具体情况，通过现代文翻译，填充了词语、语法等缺失的部分，或转化语码为学习者提供流畅阅读的便利；通过二维码等软件处理技术为学习者延伸阅读提供了资料。在练习的设计方面，着眼于自主学习能力的培养，依据汉语语言具有音乐性的特点，提供了诗词规范化的朗读音频，通过扫描二维码即可反复听与艺术性模仿，以提高学习者发音的稳定性与准确率；强调中文输出能力的培养，针对专题设计出摹写、拍摄短视频、角色扮演、关键诗句讨论与仿写等，增强中文学习者对真实生活的体验感，以诗词内容为蓝本，练习叙述、说明和议论的基本写作技能。

《选读》适合国际中文中高级学习者，也广泛适应于各类具有国际中文教育资质的院校用作文化教学和艺术朗读技能训练的辅助材料。

目 录

第一章 赞自然 1

1. 春晓（唐）孟浩然 3
2. 春夜喜雨（唐）杜甫 6
3. 滁州西涧（唐）韦应物 9
4. 山雨（元）偰逊 12
5. 咏柳/柳枝词（唐）贺知章 15
6. 春日（宋）朱熹 18
7. 早春呈水部张十八员外（唐）韩愈 21
8. 惠崇春江晚景（宋）苏轼 24
9. 山中（唐）王维 27
10. 鸟鸣涧（唐）王维 30
11. 大林寺桃花（唐）白居易 33
12. 咏风（唐）王勃 36
13. 咏风（唐）虞世南 39
14. 云（唐）来鹄 42
15. 题菊花（唐）黄巢 45
16. 菊花（唐）元稹 48
17. 江雪（唐）柳宗元 51
18. 梅花（宋）王安石 54
19. 早梅（唐）张谓 57
20. 小池（宋）杨万里 60
21. 绝句（唐）杜甫 63
22. 绝句（唐）杜甫 66
23. 晚春田园杂兴（宋）范成大 69
24. 晚春（唐）韩愈 72
25. 山亭夏日（唐）高骈 75

第二章　游景观································79

26. 望天门山（唐）李白································81
27. 望岳（唐）杜甫································84
28. 登鹳雀楼（唐）王之涣································88
29. 黄鹤楼（唐）崔颢································91
30. 乐游原（唐）李商隐································94
31. 登幽州台歌（唐）陈子昂································97
32. 寻隐者不遇（唐）贾岛································100
33. 寻隐者不遇（宋）魏野································103
34. 剑门道中遇微雨（宋）陆游································106
35. 绝句（宋）志南································109
36. 钱塘湖春行（唐）白居易································112
37. 江行无题一百首（其九十八）（唐）钱珝································115
38. 长干行（唐）崔颢································118
39. 晓出净慈寺送林子方（宋）杨万里································121
40. 江畔独步寻花七绝句（唐）杜甫································124
41. 望庐山瀑布（唐）李白································127
42. 游园不值（宋）叶绍翁································130
43. 江南春（唐）杜牧································133
44. 乌衣巷（唐）刘禹锡································136
45. 题临安邸（宋）林升································139
46. 菩萨蛮·其二（唐）韦庄································142
47. 过垂虹（唐）姜夔································145
48. 江楼感旧（唐）赵嘏································148
49. 题西林壁（宋）苏轼································151
50. 浪淘沙（唐）刘禹锡································155
51. 采莲曲（唐）王昌龄································158
52. 早发白帝城（唐）李白································161
53. 独坐敬亭山（唐）李白································165
54. 枫桥夜泊（唐）张继································168
55. 夜宿山寺（唐）李白································171
56. 游山西村（宋）陆游································174
57. 题破山寺后禅院（唐）常建································177

58. 渡汉江（唐）宋之问 ……………………………………………………180

第三章　诉友情 …………………………………………………………183

59. 黄鹤楼送孟浩然之广陵（唐）李白 ……………………………………185
60. 送元二使安西（唐）王维 ………………………………………………188
61. 芙蓉楼送辛渐（唐）王昌龄 ……………………………………………192
62. 送朱大入秦（唐）孟浩然 ………………………………………………195
63. 送友人（唐）李白 ………………………………………………………198
64. 赠汪伦（唐）李白 ………………………………………………………201
65. 别董大二首·其一（唐）高适 …………………………………………204
66. 逢入京使（唐）岑参 ……………………………………………………207
67. 相思（唐）王维 …………………………………………………………210
68. 闻王昌龄左迁龙标遥有此寄（唐）李白 ………………………………213
69. 寄扬州韩绰判官（唐）杜牧 ……………………………………………216
70. 易水送别（唐）骆宾王 …………………………………………………219
71. 过故人庄（唐）孟浩然 …………………………………………………222
72. 问刘十九（唐）白居易 …………………………………………………225

第四章　咏生活 …………………………………………………………229

73. 观猎（唐）王维 …………………………………………………………231
74. 营州歌（唐）高适 ………………………………………………………234
75. 赠别二首·其一（唐）杜牧 ……………………………………………237
76. 静夜思（唐）李白 ………………………………………………………240
77. 题都城南庄（唐）崔护 …………………………………………………243
78. 生查子·元夕（宋）欧阳修 ……………………………………………246
79. 秋思（唐）张籍 …………………………………………………………249
80. 游子吟（唐）孟郊 ………………………………………………………252
81. 如梦令·常记溪亭日暮（宋）李清照 …………………………………255
82. 相见欢·无言独上西楼（南唐）李煜 …………………………………258
83. 天净沙·秋思（元）马致远 ……………………………………………261
84. 夏日绝句（宋）李清照 …………………………………………………264
85. 观书有感二首·其一（宋）朱熹 ………………………………………267
86. 虞美人（南唐）李煜 ……………………………………………………270
87. 秋词（其一）（唐）刘禹锡 ……………………………………………273

88. 鸡（唐）崔道融 276
89. 蜂（唐）罗隐 279
90. 竹里馆（唐）王维 282
91. 山居秋暝（唐）王维 285
92. 秋浦歌（其十五）（唐）李白 288
93. 小儿垂钓（唐）胡令能 291
94. 剑客（唐）贾岛 294
95. 登科后（唐）孟郊 297
96. 赠花卿（唐）杜甫 300
97. 听弹琴（唐）刘长卿 303
98. 听邻家吹笙（唐）郎士元 306
99. 竹枝词（唐）刘禹锡 309
100. 回乡偶书（唐）贺知章 312
101. 近试上张水部（唐）朱庆馀 315
102. 酬朱庆馀（唐）张籍 318
103. 秋夕（唐）杜牧 321
104. 淮上渔者（唐）郑谷 324
105. 南池（唐）李郢 327
106. 闺怨（唐）王昌龄 331
107. 春闺思（唐）张仲素 334
108. 长干行（唐）李白 337
109. 悯农·其二（唐）李绅 341
110. 蚕妇（宋）张俞 344

第五章　吟节俗 347

111. 正月十五夜灯（唐）张祜 349
112. 正月十五夜（唐）苏味道 352
113. 元宵（明）唐寅 355
114. 寒食夜（唐）韩偓 358
115. 寒食（唐）韩翃 361
116. 清明（唐）杜牧 364
117. 水调歌头（宋）苏轼 367
118. 九月九日忆山东兄弟（唐）王维 371
119. 除夜作（唐）高适 374

第六章　评战争 ·· 377

- 120. 出塞（唐）王昌龄 ··· 379
- 121. 从军行（唐）王昌龄 ··· 382
- 122. 从军行（唐）杨炯 ··· 385
- 123. 凉州词（唐）王翰 ··· 388
- 124. 渔家傲·秋思（宋）范仲淹 ································ 392
- 125. 塞下曲（唐）卢纶 ··· 395
- 126. 塞下曲（唐）卢纶 ··· 398
- 127. 塞下曲（唐）戎昱 ··· 401
- 128. 军城早秋（唐）严武 ··· 404
- 129. 凉州词（唐）王之涣 ··· 407
- 130. 陇西行（唐）陈陶 ··· 410

附录一　HSK 等级表 ··· 413

附录二　诗词常识表 ··· 415

后　记 ·· 416

第一章 赞自然

第一章 赞自然

春 晓

（唐）孟浩然

春眠不觉晓，处处闻啼鸟。
夜来风雨声，花落知多少。

Chūn Xiǎo

(Táng) Mèng Hàorán

Chūnmián bùjué xiǎo,
chùchù wéntíniǎo.
Yèlái fēngyǔ shēng,
huāluò zhī duōshǎo.

音频

【作者介绍】

孟浩然（689—740），字浩然，襄州襄阳（今湖北襄樊）人，盛唐山水田园诗人。孟浩然的诗歌以五言为主，善于描写自然和生活之美，诗风洒脱有感染力。与王维并称"王孟"。有《孟浩然集》四卷传世。

【注释】

1. 春晓：春天的早晨。晓，天刚亮。
2. 眠：睡觉。
3. 不觉：没有觉察。（自然而然地）
4. 处处：到处，每一处。
5. 闻：听到。
6. 夜来：夜，（昨天）夜晚，来，指发生后文后的刮风下雨的事情。

【现代文翻译】

春天的夜里，我睡得很沉，不知不觉，天亮了。耳朵里听到的都是鸟儿响亮的啼叫声。往窗外一看，地面湿漉漉（shīlùlù）的，猛然想起昨晚上有沙沙的风雨声，不知道这场春雨把园子里的花儿打落了多少！

【诗文解析】

诗歌描写了诗人对春天的感受。"春眠不觉晓，处处闻啼鸟。"气温升高，春暖花开，诗人享受着睡眠的舒适状态。春天的鸟儿鸣叫欢快清脆，让诗人心生快乐。"夜来风雨声，花落知多少。"春风春雨也是春天的景致，不过，诗人听到刮风下雨的声音时，不由得对那些被风雨打落的花儿产生了怜惜之情。

文件：延伸阅读

练 习

一、仿动态，摹写下列汉字。

春	眠	觉	晓	闻	啼	夜	落

二、翻译"夜来风雨声，花落知多少"。

_____

_____

三、仿写下列诗句，并请同伴点评。

> 春眠不觉晓，
> 处处闻啼鸟。
> ——孟浩然

仿写：_____

_____

点评：_____

四、拍摄"春眠不觉晓，处处闻啼鸟"的意境视频并配字幕。

五、配乐朗诵孟浩然的《春晓》。

春夜喜雨

（唐）杜甫

好雨知时节，当春乃发生。
随风潜入夜，润物细无声。
野径云俱黑，江船火独明。
晓看红湿处，花重锦官城。

Chūnyè Xǐyǔ

(Táng) Dù Fǔ

Hǎoyǔ zhīshíjié, dāngchūn nǎifāshēng.
Suífēng qiánrùyè, rùnwù xìwúshēng.
Yějìng yúnjùhēi, jiāngchuán huǒdúmíng.
Xiǎokàn hóngshīchù, huāzhòng jǐnguānchéng.

音频

【作者介绍】

杜甫（712—770），字子美，先祖是京兆杜陵（今陕西西安）人，后迁襄阳（今湖北襄樊），曾祖迁巩县（今河南巩义），唐代伟大的现实主义诗人，诗风"沉郁顿挫"。与李白合称"李杜"。约有1500首诗被保留下来，收集在《杜工部集》中。

【注释】

1. 时节：时间，节令。
2. 乃：就。
3. 潜：悄悄地。
4. 润物：润，滋润。物：客观存在的各种物质。
5. 花重：指花因为沾了雨水，垂下的样子。重，沉重。
6. 锦官城：成都。三国蜀汉管理织锦的官方驻地。后人用作成都的别称。

【现代文翻译】

好雨是知道下雨的时节的，正好在春天植物萌发生长的时候，它随着春风在夜里悄悄地落下，无声地滋润着大地万物。田野的小路和天空的云朵都黑茫茫的，只有长江上一艘渔船中的灯火格外明亮。天亮后，可以看到整个锦官城里被雨浸过的鲜艳的花朵都是沉甸甸的。

【诗文解析】

这首诗歌描绘春雨滋润大地的景象，表明了诗人对春雨的喜爱之情。一个春天的夜晚，天地黑茫茫的，春雨细细密密地飘落。"随风潜入夜，润物细无声"中"潜"与"润"表现的是春雨的动态特征，轻柔与绵密。"野径云俱黑，江船火独明"中的"俱黑"与"独明"，在色彩上形成鲜明对比。最后点明雨落的地点——成都。春花遇到雨色彩会更明艳，令人心生欢喜。

文件：延伸阅读

练 习

一、仿动态，摹写下列汉字。

时	节	当	乃	潜	润	野	径	黑	湿

二、解释"锦官城"的文化含义。

三、仿写下列诗句，并请同伴点评。

仿写：_____
点评：_____

四、议一议"随风潜入夜，润物细无声"中赞美自然的感情。

评论结果

五、配乐朗诵杜甫的《春夜喜雨》。

第一章 赞自然

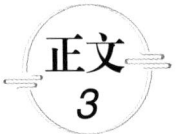

滁州西涧

（唐）韦应物

独怜幽草涧边生，上有黄鹂深树鸣。
春潮带雨晚来急，野渡无人舟自横。

Chúzhōu Xījiàn

（Táng）Wěi Yìngwù

Dúlián yōucǎo jiànbiānshēng,
shàngyǒu huánglí shēnshùmíng.
Chūncháo dàiyǔ wǎnláijí,
yědù wúrén zhōuzìhéng.

音频

9

【作者介绍】

韦应物（737？—791？），京兆万年（今陕西西安）人，中国唐代山水田园诗派诗人。长于五言，白居易评价韦应物的诗：高雅闲淡，自成一家之体。

【注释】

1. 独怜：独，唯一。怜，喜欢。
2. 幽草：幽，深邃（suì）的山谷。草，青草。
3. 涧：指的是山间流水的沟，或者小溪。
4. 黄鹂：鸟名，黄莺。
5. 春潮：潮，指海水在天体(主要是月球和太阳)引潮力作用下所产生的周期性运动。春潮，春天的潮水。
6. 野渡：郊野无人管理的渡口。
7. 横：随意飘浮。

【现代文翻译】

我特别喜欢深深的山溪边生长的青草，青草周边茂密的林子里时不时传出黄鹂鸟清脆宛转的鸣叫。傍晚时分，一场绵绵春雨，潮水猛然上涨，没有主人的小舟在渡口随意地漂浮晃荡。

【诗文解析】

这是首诗情画意的小诗，反映诗人惬（qiè）意的生活状态。画面意象丰富，有山溪、溪边青草、溪边茂密的树林、歌唱的黄鹂；有春雨、有水中的小舟。视角由近及远，由低而高。最后落脚于突如其来的春雨及雨中渡口的景象，形成特写。诗句"春潮带雨晚来急，野渡无人舟自横"反映出画面的节奏从舒缓向急促的变化，但小舟在渡口轻盈地飘荡，依然体现的是诗人轻松与自在的感受。

文件：延伸阅读

第一章 赞自然

练 习

一、仿动态，摹写下列汉字。

怜	幽	草	涧	黄	鹂	春	潮	渡	横

二、观察"滁""涧""潮""渡"的共性，并组词。

_____

三、仿写下列诗句，并请同伴点评。

> 春潮带雨晚来急，
> 野渡无人舟自横。
> ——韦应物

仿写：_____

点评：_____

四、描绘"春潮带雨晚来急，野渡无人舟自横"的画面。

_____

_____

五、配乐朗诵韦应物的《滁州西涧》。

中国古典诗词选读130首

正文 4

山雨

（元）偰逊

一夜山中雨，林端风怒号。
不知溪水长，只觉钓船高。

Shān Yǔ

（Yuán）Xièxùn

Yíyè shānzhōngyǔ,
línduān fēngnùháo.
Bùzhī xīshuǐzhǎng,
zhǐjué diàochuángāo.

音频

【作者介绍】

偰逊（1319—1360），元朝诗人，1358年迁徙高丽，将自己的诗作结集成《近思斋逸稿》。诗歌语言真实有趣，语调明快。

【注释】

1.林端：林梢。林，树林，端，开头，顶端。

2.怒号：大风发出的声音。怒，生气，号，大声地叫喊。

3.钓船：渔船。

【现代文翻译】

（昨天）山里下了一夜的雨，（我）只听见大风刮得树林呼呼作响。（今天）看到山溪急速流淌，没觉察到山溪涨水了，只看见渔船被溪水顶起老高。

【诗文解析】

这首诗歌浅白如画。诗人用"风怒号"描写山中风雨交加的夜晚，人们听到山风的力量，呼呼作响，真切生动。"不知溪水长，只觉钓船高。"写自然的博大与人眼力有限所产生的有趣现象。

文件：延伸阅读

中国古典诗词选读130首

练 习

一、仿动态,摹写下列汉字。

偰	逊	端	林	怒	号	钓	船

二、翻译"一夜山中雨,林端风怒号"。

_____

_____

三、仿写下列诗句,并请同伴点评。

仿写:_____

点评:_____

四、议一议"不知溪水长,只觉钓船高"直觉思维的乐趣。

评论结果

五、配乐朗诵偰逊的《山雨》。

咏柳 / 柳枝词

（唐）贺知章

碧玉妆成一树高，万条垂下绿丝绦。
不知细叶谁裁出，二月春风似剪刀。

Yǒng Liǔ/Liǔzhī Cí

（Táng）Hè Zhīzhāng

Bìyù zhuāngchéng yíshùgāo,
wàntiáo chuíxià lùsītāo.
Bùzhī xìyè shuícáichū,
èryuè chūnfēng sìjiǎndāo.

音频

【作者介绍】

贺知章（约 659—约 744），字季真，越州永兴（浙江萧山）人，唐代诗人，诗风清新潇洒。他的《咏柳》《回乡偶书》妇孺皆知，流传至今。

【注释】

1. 咏：用汉语语音四声（抑扬顿挫）的特点，抒发人对事物的感情。
2. 碧玉：碧绿色的玉。这里描述春天柳叶嫩绿的色彩。
3. 丝绦：丝编成的带子，这里指柔软的柳条。
4. 剪刀：切割布、纸、钢板、绳等片状或线状物体的双刃工具，两刃交错，可以开合。

【现代文翻译】

春天来了，柳树绿了，暖风吹拂，浓密而细长的柳条就像无数条绿色的丝带迎风舞动。这样匀称漂亮的柳叶是谁用心裁剪的呢，二月（中国农历）里的春风就是灵巧的剪刀呀。

【诗词解析】

柳树是生活中最常见到的树种。春天里，柳树从生出幼芽，长出嫩叶，再到绿叶展开；柳枝从枝条僵硬到柔软再到风中起舞，都是大地回春、天气越来越暖的自然景观。枝条上排列整齐的绿叶，让诗人感叹大自然的神奇，突发奇想："不知细叶谁裁出，二月春风似剪刀。"本来，柳树是自然生长的客观事物。在诗人巧妙设计的自问自答中，赋予了春风独门绝技，可见，诗人对自然的热爱和风趣。

文件：延伸阅读

练 习

一、仿动态，摹写下列汉字。

咏	柳	碧	玉	丝	绦	裁	剪

二、说一说"不知细叶谁裁出，二月春风似剪刀"的修辞方法。

_____
_____

三、仿写下列诗句，并请同伴点评。

> 不知细叶谁裁出，
> 二月春风似剪刀。
> ——贺知章

仿写：_____
_____

点评：_____

四、拍摄"碧玉妆成一树高，万条垂下绿丝绦"的画面并配解说词。

五、配乐朗诵贺知章的《咏柳》。

春日

（宋）朱熹

胜日寻芳泗水滨，无边光景一时新。
等闲识得东风面，万紫千红总是春。

Chūn Rì

（Sòng）Zhū Xī

Shèngrì xúnfāng Sìshuǐbīn,
wúbiānguāngjǐng yìshíxīn.
Děngxián shídé dōngfēngmiàn,
wànzǐqiānhóng zǒngshìchūn.

音频

【作者介绍】

朱熹（1130—1200），宋朝著名的理学家、思想家、哲学家、教育家和诗人，儒学的集大成者。著作《四书章句集注》是钦定的教科书和科举考试的标准。

【注释】

1. 胜日：天气晴朗的日子。
2. 寻芳：寻找春天。寻，寻找。芳，花和草的香气。
3. 泗水：河流的名字，在山东省。
4. 滨：水边。
5. 光景：风景。
6. 等闲：容易。
7. 识得：认识，辨别。

【现代文翻译】

在一个天气晴朗的日子，我们在泗水边寻找春天的景致，只见处处风景如画，一切都焕然一新。任谁都可以随意找到春天的景色，瞧，春风吹开了朵朵鲜花，色彩万千，这就是春天的样子啊！

【诗文解析】

朱熹是一个思想家、教育家和诗人，写普通生活，也把对生活的思考写进诗中。这首诗写诗人在水边踏青，发现风和日丽的春天，花儿繁茂，姹紫嫣红（chàzǐyānhóng），心生喜悦，不由得赞叹："等闲识得东风面，万紫千红总是春。"从诗歌表面看，描写的是春游所见。但"泗水"指的是春秋时孔子居住洙、泗授徒讲学。这里的泗水暗指孔门。朱熹生活在南宋，没有机会去"泗水"，所以泗水"寻芳"指的是求圣人之道，"万紫千红总是春"表现的是诗人因圣人之道得到广泛传扬而欣喜的情绪。以上诗句由于形象地概括了某种力量已经产生了普遍影响力的状态而传播久远。

文件：延伸阅读

练 习

一、仿动态，摹写下列汉字。

胜	寻	芳	泗	水	滨	光	景	等	闲

二、拍摄春日漫步的视频，或查找春天资料并配音讲解。

三、仿写下列诗句，并请同伴点评。

胜日寻芳泗水滨，
无边光景一时新。
——朱熹

仿写：_____

点评：_____

四、议一议"等闲识得东风面，万紫千红总是春"的深层含义。

评论结果

五、配乐朗诵朱熹的《春日》。

早春呈水部张十八员外

（唐）韩愈

天街小雨润如酥，草色遥看近却无。
最是一年春好处，绝胜烟柳满皇都。

Zǎochūn Chéng Shuǐbù Zhāngshíbā Yuánwài

（Táng）Hán Yù

Tiānjiē xiǎoyǔ rùn rúsū,
cǎosè yáokàn jìn quèwú.
Zuìshì yìnián chūnhǎochù,
juéshèng yānliǔ mǎnhuángdū.

音频

【作者介绍】

韩愈（768—824），字退之，河南河阳（今河南孟州）人，唐代杰出的文学家，是唐代古文运动的倡导者，被后人尊为"唐宋八大家"之首。诗歌风格多样，立意奇崛。与孟郊齐名，并称韩孟。有《韩昌黎集》传世。

【注释】

1. 天街：天子居住的地方的街道。
2. 酥：牛乳或羊乳提炼的酥油，绵稠滋润，这里指春雨绵密滋润。
3. 遥看：远远地观看。
4. 最是：正是。
5. 绝胜：远远超过。
6. 烟柳：指暮春时节整个皇城都是绿色，柳树的颜色像烟雾一样。
7. 皇都：天子居住的都城。

【现代文翻译】

淅淅沥沥的春雨飘洒在长安城的街道上，绵密而滋润。刚刚长出的小草是淡淡的黄绿色，远远看去，茸茸冒了点幼芽，走近一看，好像什么也没有，好有趣。这是一年中长安城景色最美的时候，远远超过暮春时节满城如烟似雾的色彩。

【诗文解析】

韩愈是唐代具有独立个性的文学家，他的感情细腻，目光敏锐。诗中描写了早春时节大自然中绿色萌生时似有似无的奇景，这独特的景色就缘于绵密的春雨，这一发现让"天街小雨润如酥，草色遥看近却无"成为千古名句。

文件：延伸阅读

练 习

一、仿动态，摹写下列汉字。

天	街	酥	遥	看	最	是	绝	胜	烟	柳	皇

二、解释"早春呈水部张十八员外"的含义。

_____

_____

三、仿写下列诗句，并请同伴点评。

> 天街小雨润如酥，
> 草色遥看近却无。
> ——韩愈

仿写：_____

_____

点评：_____

四、品一品"天街小雨润如酥，草色遥看近却无"的意境。

_____

_____

五、配乐朗诵韩愈的《早春呈水部张十八员外》。

正文 8

惠崇春江晚景

（宋）苏轼

竹外桃花三两枝，春江水暖鸭先知。
蒌蒿满地芦芽短，正是河豚欲上时。

Huì Chóng Chūnjiāngwǎnjǐng

（Sòng）Sū Shì

Zhúwài táohuā sānliǎngzhī,
chūnjiāng shuǐnuǎn yāxiānzhī.
Lóuhāo mǎndì lúyáduǎn,
zhèngshì hétún yùshàngshí.

音频

【作者介绍】

苏轼（1037—1101），字子瞻，眉州眉山（今属四川）人，北宋著名文学家、书法家、画家。苏轼将自己对人生、社会、自然的思考写入诗中，诗学多家，风格多样，有《东坡集》40卷。

【注释】

1. 蒌蒿：又叫芦蒿，生长于水边或沼泽的植物。
2. 芦芽：芦苇的幼芽，可食用。
3. 河豚：又叫"气泡鱼"，生活在暖温带、热带海洋的中、下层，有少数种类进入淡水江河中。河豚鱼肉质细嫩、鲜美，但有毒。

【现代文翻译】

大地回暖，竹林外两三支桃花开得正艳；春天的江水温度升高了，鸭妈妈带着小鸭子在水中快活地游来游去。水边成片的蒌蒿绿茸茸的，惹人喜爱。芦苇刚刚发出嫩芽，这正是河豚逆流而上，肥美上市的季节！

【诗文解析】

这首诗歌描写的是诗人眼睛里春天动植物生机勃勃的状态及绚丽的色彩，表达了诗人愉快的心情。植物有绿色的竹林，粉色的桃花，动物有麻灰的鸭子，嫩黄的雏鸭，灰白分明的河豚等。其中，绿色是春天的主色调，蒌蒿、芦芽、江水都是绿色的。绿色是生命与活力的颜色，在绿色背景中桃花被衬托的分外艳丽，还有活泼的鸭子一家和可以捕捞的河豚，整个画面活泼泼的。因此，这首诗是对春天的赞美，对生命的讴歌。

文件：延伸阅读

练　习

✏️ 一、仿动态，摹写下列汉字。

桃	枝	暖	蒌	蒿	满	芦	短	豚	欲

💬 二、议一议"竹外桃花三两枝""蒌蒿满地芦芽短"体现的中国绘画的构图特征。

议论结果

✏️ 三、仿写下列诗句，并请同伴点评。

> 竹外桃花三两枝，
> 春江水暖鸭先知。
> ——苏轼

📝 仿写：_____
_____

👤 点评：_____

💡 四、品一品"春江水暖鸭先知"中的快乐情绪。

🔊 五、配乐朗诵苏轼的《惠崇春江晚景》。

正文 9

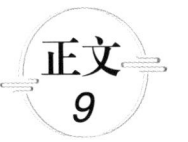

山中

（唐）王维

荆溪白石出，天寒红叶稀。
山路元无雨，空翠湿人衣。

Shān Zhōng

（Táng）Wáng Wéi

Jīngxī báishíchū,
tiānhán hóngyèxī.
Shānlù yuánwúyǔ,
kōngcuì shīrényī.

音频

【作者介绍】

王维（701—761），字摩诘，祖籍太原，后迁徙到蒲（今山西永济），成为河东人。唐朝著名诗人。他的山水诗歌表现了自在的乐趣和恬淡的心境。语言自然，形象生动。有《王右丞文集》十卷。

【注释】

1. 荆溪：荆谷水，发源于秦岭山中，北流到西安东北的灞水。
2. 寒：冷。
3. 稀：少。
4. 元：本来。
5. 空翠：这里指山间青色潮湿的雾气空，虚，无。翠：青绿色。
6. 湿：水分多，潮湿。

【现代文翻译】

初冬时节，山溪小了，溪中的白石头都露出来了。天气冷了，各种树木的叶子凋落了，经霜变红的树叶越来越少了。本来没有下雨，但山中的潮气很重，青绿色的雾气像要把行人的衣裳沾湿呢。

【诗文解析】

这首诗描绘的是诗人在山中看到的初冬的景色：低头，看见水小了，石头从水中暴露出来；抬头看红叶凋落了，树木变得枯瘦了。有意思的是，诗人将敏锐的感觉通过"山路元无雨，空翠湿人衣"表现出来，人和山的关系也因此自然亲近了。

文件：延伸阅读

练 习

一、仿动态，摹写下列汉字。

荆	溪	寒	稀	空	翠	湿

二、拍摄"荆溪白石出，天寒红叶稀"的自然现象。

三、仿写下列诗句，并请同伴点评。

> 山路元无雨，
> 空翠湿人衣。
> ——王维

仿写：_____

点评：_____

四、品一品"山路元无雨，空翠湿人衣"的错觉。

_____

五、配乐朗诵王维《山中》。

鸟鸣涧

（唐）王维

人闲桂花落，夜静春山空。
月出惊山鸟，时鸣春涧中。

Niǎomíng Jiàn

（Táng）Wáng Wéi

Rénxián guìhuāluò,
yèjìng chūnshānkōng.
Yuèchū jīngshānniǎo,
shímíng chūnjiànzhōng.

音频

【作者介绍】

王维（701—761），唐朝著名诗人。他的山水诗歌表现了自在的乐趣和恬淡的心境。宋代文学家苏轼评价王维的作品："味摩诘之诗，诗中有画；观摩诘之画，画中有诗。"留存诗400余首。

【注释】

1. 闲：没事做。这里指心里没想事，内心安宁。
2. 桂花：亚热带树种，四季常绿，开小黄花，有香气。
3. 静：安静，没有声响。
4. 惊：惊动，受到惊吓。
5. 春涧：春天的山谷。

【现代文翻译】

人在心闲的时候，能听得见小小的桂花凋落的声音。在安静的夜晚，总感觉山中空荡荡的。月亮在云中移动，惊吓到已经入梦的鸟儿，它们时不时在山谷中啼叫。

【诗文解析】

这首诗描绘了诗人敏锐的观察力。当人内心不被打搅时就能听见大自然微小的声音。桂花花朵极小，但作者能听到它悄然落地的声响，足以证明环境的清幽和诗人的闲适。月亮的清辉使鸟儿飞出山谷，诗人感觉山里空空荡荡。这一静一动的对照，使得画面生趣盎然。

文件：延伸阅读

练 习

一、仿动态，摹写下列汉字。

闲	桂	花	静	惊	春	涧

二、议一议"月出惊山鸟，时鸣春涧中"的自然现象。

议论结果

三、仿写下列诗句，并请同伴点评。

月出惊山鸟，
时鸣春涧中。
——王维

仿写：_____

_____

点评：_____

四、品一品"人闲桂花落，夜静春山空"的意境。

五、配乐朗诵王维的《鸟鸣涧》。

大林寺桃花

（唐）白居易

人间四月芳菲尽，山寺桃花始盛开。
长恨春归无觅处，不知转入此中来。

Dàlín Sì Táohuā

（Táng）Bái Jūyì

Rénjiān sìyuè fāngfēijìn,
shānsì táohuā shǐshèngkāi.
Chánghèn chūnguī wúmìchù,
bùzhī zhuǎnrù cǐzhōnglái.

音频

【作者介绍】

白居易（772—846），字乐天，晚号香山居士。唐代伟大的现实主义诗人。白居易和诗人元稹共同倡导新乐府运动，历史上将他俩并称"元白"。晚年和刘禹锡并称"刘白"。白居易的诗歌题材广泛，平易通俗。存《白氏长庆集》71卷。

【注释】

1. 大林寺：在庐山大林峰，相传是晋代僧人昙诜（shēn）修建的，是中国佛教胜地之一。
2. 人间：庐山下的村落。
3. 芳菲：盛开的花，亦可泛指花。芳，花草的香气。菲：花草美，香气浓。
4. 寺：早期指官员办公的地方，后来主要指佛教庙宇，也指宗教教徒讲经做礼拜的地方。这里指大林寺。
5. 长恨：常常遗憾。恨：遗憾。

【现代文翻译】

阴历四月的时候，平川地的桃花都凋零了，高山古寺中的桃花才刚刚盛放。我常为春光逝去无处寻觅而遗憾，没想到它已经转到大林寺来了。

【诗文解析】

诗人在这首诗中表达出喜爱春天，执着地追寻春天踪迹的心理。春天美好而短暂，只因大林寺海拔高，桃花比平川地开得晚一些，诗人在大林寺看到桃花盛开时，认为寻到春天的踪迹，心中充满喜悦，用朴素的诗句"人间四月芳菲尽，山寺桃花始盛开"传递出来。语言自在无痕迹。

文件：延伸阅读

练 习

一、仿动态，摹写下列汉字。

大	林	寺	芳	菲	长	恨	觅	转	入	此

二、翻译"人间四月芳菲尽，山寺桃花始盛开"。

三、仿写下列诗句，并请同伴点评。

> 人间四月芳菲尽，
> 山寺桃花始盛开。
> ——白居易

仿写：_____

点评：_____

四、议一议"长恨春归无觅处，不知转入此中来"的诗人心理。

议论结果

五、配乐朗诵白居易的《大林寺桃花》。

咏风

（唐）王勃

肃肃凉风生，加我林壑清。
驱烟寻涧户，卷雾出山楹。
去来固无迹，动息如有情。
日落山水静，为君起松声。

Yǒng Fēng

（Táng）Wáng Bó

Sùsù liángfēng shēng, jiāwǒ línhè qīng.
Qūyān xún jiànhù, juǎnwù chū shānyíng.
Qùlái gùwújì, dòngxī rúyǒuqíng.
Rìluò shānshuǐjìng, wèijūn qǐsōngshēng.

音频

【作者介绍】

王勃（650—676），字子安。绛州龙门（今山西河津）人，唐代文学家、"初唐四杰"之首。王勃擅长五律和五绝。《王子安集》16卷存世。

【注释】

1. 肃肃：风声。
2. 林壑：森林茂密的深谷。
3. 驱烟：驱，逐。烟，烟雾。
4. 卷雾：卷，自然的力量把东西裹（guǒ）住。雾，烟雾。
5. 山楹：楹，堂屋前的廊柱。这里代指山中的房屋。
6. 无迹：没有痕迹。

【现代文翻译】

一阵清凉的风肃肃吹来，树木茂密的林间山谷更加清幽。山风追逐着山涧人家的尘烟，卷起山梁上住户的晨雾。风本来无形无相，但是事物因风而动时，似乎有了人的情意。日落时分，山水一片宁静，但风却掀起了阵阵松涛的轰响。

【诗文解析】

这首诗描写风的特点，无形无相，但充满力量。可以驱烟卷雾，可以对松林施加影响，唤起松涛排山倒海的轰响。显然，诗人借诗歌咏清风，抒写了自己的情怀。

文件：延伸阅读

中国古典诗词选读130首

练 习

一、仿动态，摹写下列汉字。

林	壑	驱	烟	卷	雾	槛	无	迹

二、描述"驱烟寻涧户，卷雾出山楹"的风的形象。

三、仿写下列诗句，并请同伴点评。

> 去来固无迹，
> 动息如有情。
> ——王勃

仿写：_____

_____

点评：_____

四、举证"去来固无迹，动息如有情"的生活案例。

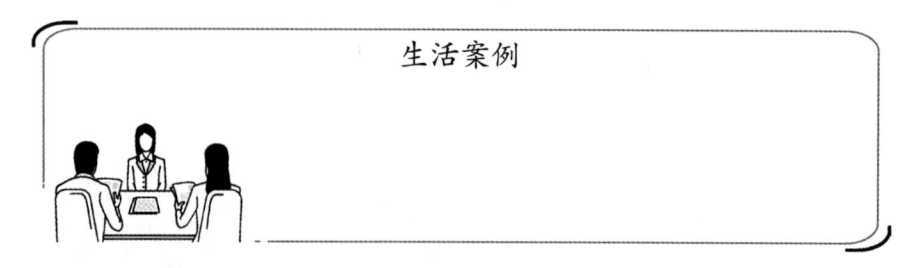

生活案例

五、配乐朗诵王勃的《咏风》。

咏风

（唐）虞世南

逐舞飘轻袖，传歌共绕梁。
动枝生乱影，吹花送远香。

Yǒng Fēng

（Táng）Yú shìnán

Zhúwǔ piāoqīngxiù,
chuángē gòngràoliáng.
Dòngzhī shēngluànyǐng,
chuīhuā sòngyuǎnxiāng.

音频

【作者介绍】

虞世南（558—638），字伯施，越州余姚（今浙江）人，初唐著名书法家、诗人。

【注释】

1. 绕梁：环绕房梁，指歌声美妙，余音在耳边不散。
2. 乱影：错综的树影。风吹动树枝树叶形成的影像。

【现代文翻译】

风是什么样子呢？当美人起舞时，轻轻地掀起了她的衣袖；当歌伎演唱时，美妙婉转的声音在梁柱间萦绕（yíngrào）着久久不散。横斜的枝条因风而舞动，地上印出了散乱多趣的影子，盛开的花儿散发出浓郁的芳香，风将花儿的芬芳传送到远方。

【诗文解析】

这是首礼赞风的诗。通过歌伎的舞蹈与歌唱；通过树影的形象变化；通过花儿芳香的传递等赞美风的价值。诗歌以动词为主，"逐""飘""传""绕""动""生""吹""送"等，结合形容词"乱""香"等赋予风以动态形象。特别是诗句"动枝生乱影，吹花送远香"从视觉与嗅觉方面对难以捕捉的风进行了生动形象的描绘，显示出诗人高妙的语言技巧。

文件：延伸阅读

练 习

一、仿动态，摹写下列汉字。

虞	飘	袖	绕	梁	影

二、翻译"逐舞飘轻袖，传歌共绕梁"。

_____

_____

三、仿写下列诗句，并请同伴点评。

> 动枝生乱影，
> 吹花送远香。
> ——虞世南

仿写：_____

_____

点评：_____

四、品一品"动枝生乱影，吹花送远香"的画面美。

_____

_____

五、配乐朗诵虞世南的《咏风》。

云

（唐）来鹄

千形万象竟还空，映水藏山片复重。
无限旱苗枯欲尽，悠悠闲处作奇峰。

Yún

（Táng）Lái Hú

Qiānxíngwànxiàng jìngháikōng,
yìngshuǐcángshān piànfùchóng.
Wúxiànhànmiáo kūyùjìn,
yōuyōuxiánchù zuòqífēng.

音频

【作者介绍】

来鹄（？—883），即来鹏（《全唐诗》写作来鹄），唐朝诗人，留有诗歌29首。

【注释】

1. 竟：结果，结束。
2. 藏：躲藏。
3. 无限：无边无际。
4. 旱苗：缺少水分的禾苗。
5. 悠悠：白云在天空飘荡的样子。
6. 奇峰：奇特的山峰。

【现代文翻译】

　　白云变化着千姿百态，终究没有降下一滴雨。像捉迷藏一样，忽尔倒映在水中，一会又躲在山中，反复无定。眼看无边无际的禾苗焦渴得要枯死了，白云还是悠闲地飘荡在空中，变幻成奇异的山峰的模样。

【诗文解析】

　　这是一首描绘夏日白云的形象的诗歌。在诗中，夏云以变化多端为特征，一会映在水面，一会藏在山间。字里行间流露出诗人急切地盼望着下一场大雨以滋润将要晒枯的禾苗的心理，显然，诗人追踪夏云的变化并非为了欣赏。因此，伴随着白云不断变化的形象，诗人盼望着，失望着，也愤怒着。

文件：延伸阅读

练 习

一、仿动态，摹写下列汉字。

竟	藏	无	限	早	苗	悠	奇	峰

二、描述"千形万象竟还空，映水藏山片复重"的意境。

_____

三、仿写下列诗句，并请同伴点评。

> 千形万象竟还空，
> 映水藏山片复重。
> ——来鹄

仿写：_____

_____

点评：_____

四、评议诗人由物及人的联想思维。

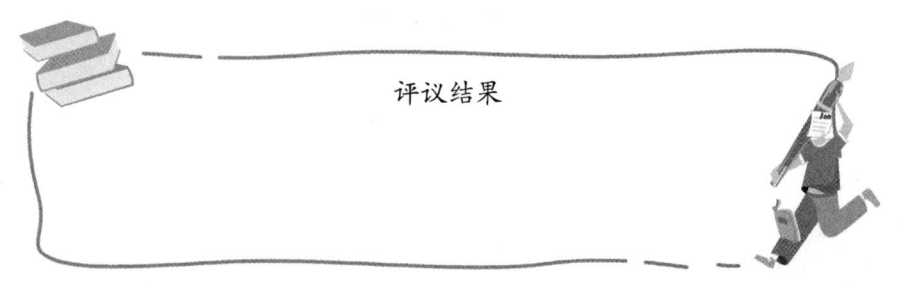

评议结果

五、配乐朗诵来鹄的《云》。

题菊花

（唐）黄巢

飒飒西风满院栽，蕊寒香冷蝶难来。
他年我若为青帝，报与桃花一处开。

Tí Júhuā

（Táng）Huáng Cháo

Sàsàxīfēng mǎnyuànzāi,
ruǐhánxiānglěng diénánlái.
Tānián wǒruò wéiQīngdì,
bàoyǔtáohuā yíchùkāi.

音频

【作者介绍】

黄巢（820？—884），唐末农民起义的领袖。《全唐诗》录有黄巢诗歌三首。

【注释】

1. 飒飒：秋风吹动花叶的声音。
2. 栽：种。
3. 蕊：花蕊，花心儿。
4. 青帝：司春之神。住在东方，行春天时令。

【现代文翻译】

　　飒飒的秋风席卷而来，满院子栽种的菊花瑟瑟抖动，花蕊散发的香气都带着寒意，蝴蝶很少在花间飞舞。我想，有朝一日我若成为司春之神，一定让菊花和桃花一并在春天开放。

【诗文解析】

　　这是一首托物言志的诗歌。诗歌描写菊花盛开时节，天气冷凉，花木凋落，蝴蝶很少来吸食花蜜，菊园一片冷寂。但诗人渴望自己主宰社会的命运，所以突发奇想，"他年我若为青帝，报与桃花一处开"。菊花本来开在秋季，诗人却设想以一己之力使菊花在春天怒放。这首诗充满了浪漫想法，以及诗人对不公正的大胆否定和对理想中美好世界的憧憬。

文件：延伸阅读

练 习

一、仿动态，摹写下列汉字。

飒	满	栽	寒	蕊	冷	青	帝

二、拍摄"飒飒西风满院栽，蕊寒香冷蝶难来"的画面。

三、仿写下列诗句，并请同伴点评。

> 他年我若为青帝，
> 报与桃花一处开。
> ——黄巢

仿写：_____

_____

点评：_____

四、评议"他年我若为青帝，报与桃花一处开"的历史文化含义。

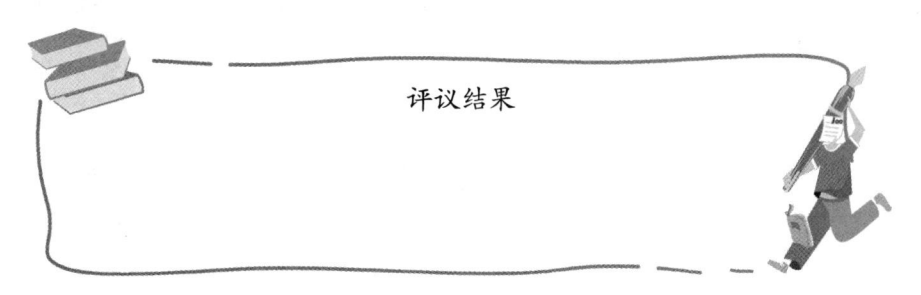

评议结果

五、配乐朗诵黄巢《题菊花》。

菊花

（唐）元稹

秋丛绕舍似陶家，遍绕篱边日渐斜。
不是花中偏爱菊，此花开尽更无花。

Jú Huā

（Táng） Yuán Zhěn

Qiūcóngràoshè sìtáojiā,
biànràolíbiān rìjiànxiá.
Búshìhuāzhōng piān'àijú,
cǐhuākāijìn gèngwúhuā.

音频

【作者介绍】

元稹（779—831），字微之，洛阳（今河南洛阳）人，唐朝著名诗人、文学家，和白居易共同提倡"新乐府运动"，后人把他和白居易并称"元白"。元稹的诗善于叙事，语言自然。有《元氏长庆集》60卷存世。

【注释】

1. 丛：花丛。
2. 陶家：陶渊明的家。陶，东晋诗人陶渊明，贫而有节操，有诗句"采菊东篱下，悠然见南山"。
3. 篱边：篱笆的边缘。
4. 斜：偏斜。
5. 偏爱：在几个人或几件事物中特别喜爱或单单喜爱其中的一个或一件。

【现代文翻译】

深秋时节，我看到一户人家屋舍四周一丛一丛的菊花开得正艳，好似到了陶渊明的家。我在房前屋后绕着篱笆观赏菊花，直到夕阳西下时分。不是我独独喜欢菊花，只是菊花凋落之后再也没有其他花儿可以欣赏了。

【诗文解析】

菊花在中国从来有花中"四君子"之一（梅、兰、竹、菊）的称号。菊花开在深秋时节，天气晚凉，是孤傲、坚韧的隐喻。魏晋时期陶渊明的"采菊东篱下"中的"采菊"成为有节操的名士的标配。这首诗则写诗人陶醉于菊花独特的姿态与容颜，有别于平常认知，人与菊成为主客体，诗歌由此产生新意。"遍绕篱边日渐斜"，描绘诗人痴迷菊花的情态。"不是花中偏爱菊，此花开尽更无花"，表明不愿意错过赏花机会的态度。语言真实自然。

文件：延伸阅读

练 习

一、仿动态，摹写下列汉字。

丛	陶	家	篱	边	斜	偏	爱

二、拍摄秋菊画面，对"菊花"意象进行解读。

三、仿写下列诗句，并请同伴点评。

> 秋丛绕舍似陶家，
> 遍绕篱边日渐斜。
> ——元稹

仿写：_____

_____

点评：_____

四、评议"秋丛绕舍似陶家，遍绕篱边日渐斜"的文化含义。

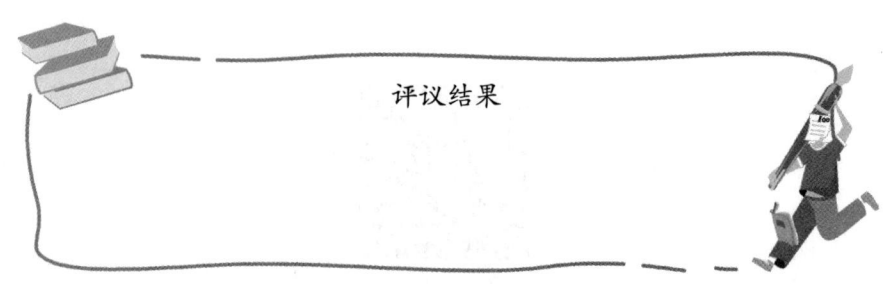

评议结果

五、配乐朗诵元稹的《菊花》。

第一章 赞自然

正文 17

江雪

（唐）柳宗元

千山鸟飞绝，万径人踪灭。
孤舟蓑笠翁，独钓寒江雪。

Jiāng Xuě

（Táng）Liǔ Zōngyuán

Qiānshān niǎofēijué,
wànjìng rénzōngmiè.
Gūzhōu suōlìwēng,
dúdiào hánjiāngxuě.

音频

【作者介绍】

柳宗元（773—819），字子厚，河东（山西永济）人，唐代著名文学家、思想家，"唐宋八大家"之一。文章与韩愈齐名，并称"韩柳"。他的诗歌简朴淡泊，感情深厚。有《河东先生集》45卷传世。

【注释】

1. 绝：无，没有。
2. 径：路，道。
3. 踪：人走过留下的脚印。
4. 灭：消失。
5. 蓑笠：用草、麻等编织成的斗篷以及帽子，一般是樵夫及渔民用来遮风挡雨的用具。

【现代文翻译】

下雪之后，千座山万条路既没有一只鸟儿飞过，也没有行人的脚印。世界一片沉寂。江面孤舟上，只有一位头戴斗笠，身穿蓑衣的老人，独自在漫天风雪中垂钓。

【诗文解析】

这首诗歌的表层意思是在一个寒冷的大雪天，有个老人做着与一般人不同的事情：在没有生气与人迹的地方钓鱼。深层意思是，这是个孤独的老人，但他很倔强，不屈服。诗歌表现了诗人独立的精神追求。

文件：延伸阅读

练 习

一、仿动态，摹写下列汉字。

绝	径	踪	灭	蓑	笠	钓

二、为《江雪》绘插图，描绘其中的意境。

_____

三、仿写下列诗句，并请同伴点评。

> 孤舟蓑笠翁，
> 独钓寒江雪。
> ——柳宗元

仿写：_____

_____

点评：_____

四、议一议数量词"千""万""孤""独"的在诗中的审美价值。

议论结果

五、配乐朗诵柳宗元的《江雪》。

梅花

（宋）王安石

墙角数枝梅，凌寒独自开。
遥知不是雪，为有暗香来。

Méihuā

（Sòng）WángĀnshí

Qiángjiǎo shùzhīméi, línghán dúzìkāi.
Yáozhī búshìxuě, wèiyǒu ànxiānglái.

梅花

【作者介绍】

王安石（1021—1086），字介甫，晚号半山老人，临川（今江西抚州）人。北宋著名的思想家、文学家。诗文兼擅，有《临川先生集》100卷传世。

【注释】

1. 梅花：蔷薇科杏属植物。主要长在中国南方，先开花后长叶，冬春季开花，香气浓郁，花色有白色，也有粉色。
2. 墙角：两堵墙相接处的凹角或其近处。
3. 凌寒：冒着严寒。
4. 暗香：指梅花的幽香。

【现代文翻译】

墙角的几枝梅花，冒着严寒独自盛开。远远望去就知道这雪白的花朵不是雪，因为梅花的幽香正徐徐地随风飘来。

【诗文解析】

这首诗着意描写梅花生长的环境是不被注意的地方——墙角，但丝毫不失光彩，梅花的色彩——白色，在墙角格外显眼，尤其是在寒冷的季节梅花散发出浓郁芳香，瞬时就分别了雪与花的性质。诗人冷静地表达了对梅花喜爱的情绪，因为这一切与诗人追求的"君子"精神暗暗相合。

文件：延伸阅读

练 习

一、仿动态，摹写下列汉字。

梅	花	墙	角	凌	寒	暗	香

二、拍摄梅树画面，配"梅花"意象解读字幕。

_____

三、仿写下列诗句，并请同伴点评。

> 遥知不是雪，
> 为有暗香来。
> ——王安石

仿写：_____
_____

点评：_____

四、扮演王安石，讲述"梅花"的故事。

五、配乐朗诵王安石的《梅花》。

早梅

（唐）张谓

一树寒梅白玉条，迥临村路傍溪桥。
不知近水花先发，疑是经冬雪未销。

Zǎoméi

（Táng）ZhāngWèi

Yíshù hánméi báiyùtiáo,
jiǒnglín cūnlù bàngxīqiáo.
Bùzhī jìnshuǐ huāxiānfā,
yíshì jīngdōng xuěwèixiāo.

音频

【作者介绍】

张谓（？—779年？），字正言，怀州河内（今河南沁阳）人。唐朝诗人，讲究格律，语言传神。《全唐诗》录有诗一卷。

【注释】

1. 迥临：迥，远。临，靠近。
2. 村路：乡间小路。
3. 未销：未，没有。销，消，消融。

【现代文翻译】

早春时节，一树白色的梅花在寒风中开放了，但是，由于它远离乡村小路，开在溪水桥边，没有多少人注意它。即使看见它的人，也没有意识到靠近春水的花儿开得早，以为历经严冬的冰雪还没有消融呢。

【诗文解析】

这首诗歌的关键词是"早"。白梅怒放给人们报告春天的信息，但是，白梅选的地点远离人群；人们对漫长严冬的记忆深刻，还没有从思维惯性中觉醒；白梅、白雪都是"白"色，人们看到白梅的"白"，恍惚间，错把白梅当做白雪，诗歌的有趣之处恰恰在这里。

文件：延伸阅读

练 习

一、仿动态，摹写下列汉字。

迥	临	村	路	未	销

二、指出诗中"早梅"的特点。
_____
_____

三、仿写下列诗句，并请同伴点评。

> 不知近水花先发，
> 疑是经冬雪未销。
> ——张谓

仿写：_____
_____

点评：_____

四、品一品"不知近水花先发，疑是经冬雪未销"这一句表达的情感。
_____
_____

五、配乐朗诵张谓的《早梅》。

小池

（宋）杨万里

泉眼无声惜细流，树阴照水爱晴柔。
小荷才露尖尖角，早有蜻蜓立上头。

Xiǎo Chí

（Sòng）Yáng Wànlǐ

Quányǎn wúshēng xīxìliú,
shùyīn zhàoshuǐ àiqíngróu.
Xiǎohé cáilù jiānjiānjiǎo,
zǎoyǒu qīngtíng lìshàngtóu.

音频

小池

【作者介绍】

杨万里（1127—1206），字廷秀，世称诚斋先生，吉州吉水（今属江西）人，南宋著名的文学家、爱国诗人。诗歌大多描写自然景物，语言浅近，明白如话。有《诚斋集》133卷传世。

【注释】

1. 泉眼：泉水的出口。
2. 惜：爱惜。
3. 树阴：树下照不到阳光的地方。
4. 小荷：娇嫩的荷叶。
5. 尖尖角：还没展开的嫩荷叶尖端。
6. 蜻蜓：世界上眼睛最多，长着两对等长的窄而透明的翅膀，腹部细长的一种昆虫。

【现代文翻译】

泉眼悄无声息像爱惜流淌着的涓涓溪水，树阴倒映在水中喜爱晴天和温柔的轻风。娇嫩的荷叶才露出水面，就有蜻蜓轻盈地落在荷叶上。

【诗文解析】

诗歌着笔于轻柔细腻的感受。泉眼无声源于"惜"细流，树阴照水源于"柔"的微风，画面安安静静。而荷叶才从水中"露"出尖角，蜻蜓"立"于小荷之上的瞬间，安静的画面被打破。诗歌的前后两句，在虚与实之间构成了动人的景致。

文件：延伸阅读

练 习

一、仿动态，摹写下列汉字。

小	池	泉	眼	树	阴	蜻	蜓

二、翻译"泉眼无声惜细流，树阴照水爱晴柔"。

三、仿写下列诗句，并请同伴点评。

> 小荷才露尖尖角，
> 早有蜻蜓立上头。
> ——杨万里

仿写：_____

点评：_____

四、品一品"小荷才露尖尖角，早有蜻蜓立上头"画面的情趣。

五、配乐朗诵杨万里的《小池》。

绝句

（唐）杜甫

两个黄鹂鸣翠柳，一行白鹭上青天。
窗含西岭千秋雪，门泊东吴万里船。

Juéjù

（Táng）DùFǔ

Liǎnggè huánglí míngcuìliǔ,
yìháng báilù shàngqīngtiān.
Chuānghán xīlǐng qiānqiūxuě,
ménbó dōngwú wànlǐchuán.

音频

【作者介绍】

杜甫（712—770），字子美，唐代伟大的现实主义诗人，诗歌思想深厚，境界广阔，诗歌风格"沉郁顿挫"，与李白合称"李杜"。杜甫约有1500首诗歌被保留了下来，大多收集在《杜工部集》中。

【注释】

1. 绝句：又称截句、断句、短句，常见的绝句有五言绝句和七言绝句。五言绝句首句以不入韵为常见，七言绝句首句以入韵为常见；五言绝句以仄起为常见，七言绝句以平起为常见。
2. 翠：翡翠，翠玉，这里指柳树的绿色。
3. 白鹭：水鸟名，全身羽毛白色，身材细长，黑喙、黑腿、黄脚掌。
4. 青天：蓝色的天空。
5. 含：包含，容纳。
6. 千秋：时间长久。
7. 泊：停船靠岸。

【现代文翻译】

两只黄鹂鸟在青翠的柳树上欢快地唱着歌儿，列着长队的白鹭在蓝天上轻盈地飞翔，窗口可见对面终年不化的雪山，门前停泊着即将起锚（máo）去万里远的船舶。

【诗文解析】

这首诗歌写诗人看到、听到和想到的美好事物，色彩词与数量词的巧妙安排是其特点。诗中出现了黄、绿、白、青等色，冷暖对比，色泽鲜亮而丰富。数量由"两个""一行""千秋""万里"不断增多，诗人以万千思绪，创造了视野开阔，历史穿越的精彩世界。

文件：延伸阅读

练 习

一、仿动态，摹写下列汉字。

绝	句	翠	白	鹭	青	天	含	千	秋	泊

二、评议数量词"两个""一行""千秋""万里"的对偶美。

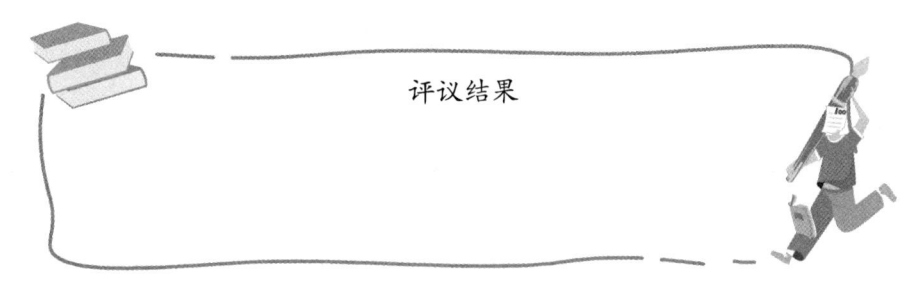

评议结果

三、仿写下列诗句，并请同伴点评。

> 两个黄鹂鸣翠柳，
> 一行白鹭上青天。
> ——杜甫

仿写：_____

_____

点评：_____

四、品一品《绝句》立体画面的意境。

_____

五、配乐朗诵杜甫的《绝句》。

绝句

（唐）杜甫

迟日江山丽,春风花草香。
泥融飞燕子,沙暖睡鸳鸯。

Juéjù

（Táng） DùFǔ

Chírì jiāngshānlì,
chūnfēng huācǎoxiāng.
Níróng fēiyànzǐ,
shānuǎn shuìyuānyāng.

音频

绝句 迟日江山丽

【作者介绍】

杜甫（712—770），字子美，唐代伟大的现实主义诗人，诗歌思想深厚，境界广阔，诗歌风格"沉郁顿挫"，与李白合称"李杜"。杜甫共有约1500首诗歌被保留了下来，大多收集在《杜工部集》中。

【注释】

1. 迟日：春天光照时间渐长。
2. 泥融：冰雪融化，泥土柔软而湿润。
3. 沙暖：沙土因温度升高变得温暖。
4. 鸳鸯：一种水鸟，雌雄鸟互相陪伴终老。是爱情忠贞的隐喻。

【现代文翻译】

春天来了，天气一天天暖和起来。晴朗的日子里，山川的色彩明丽鲜艳，空气里散发着鲜花和青草的香气。燕子们衔着柔软的湿泥，舞动着翅膀忙着筑巢呢！柔软的沙地上一对对鸳鸯安逸地打盹呢。

【诗文解析】

诗人用诗歌赞美了生机勃勃的春天。视觉中，太阳的光芒越发有力；嗅觉中，花草的香气弥漫四溢；感觉中，冻结的泥土湿软融化了！当鸳鸯们双双对对安逸地在温暖的沙地上打盹时，诗人顿时联想到美好的爱情，诗歌的人情味被充分调动起来。

文件：延伸阅读

练 习

一、仿动态，摹写下列汉字。

迟	日	泥	融	沙	暖	鸳	鸯

二、拍摄"花""草""燕子""鸳鸯"等春景意象并表意配音。

三、仿写下列诗句，并请同伴点评。

> 泥融飞燕子，
> 沙暖睡鸳鸯。
> ——杜甫

仿写：_____

_____

点评：_____

四、评议"沙暖睡鸳鸯"中的文化含义。

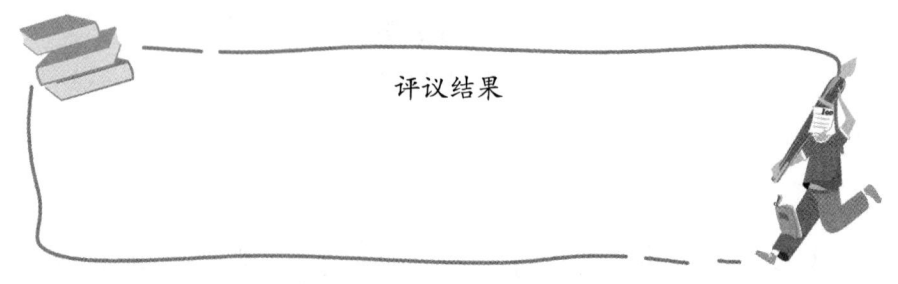

评议结果

五、配乐朗诵杜甫的《绝句》。

晚春田园杂兴

（宋）范成大

蝴蝶双双入菜花，日长无客到田家。
鸡飞过篱犬吠窦，知有行商来买茶。

Wǎnchūn tiányuán záxīng

（Sòng）Fàn Chéngdà

Húdié shuāngshuāng rù càihuā,
rìcháng wúkè dào tiánjiā.
Jīfēi guòlí quǎn fèidòu,
zhīyǒu xíngshāng lái mǎichá.

音频

【作者介绍】

范成大（1126—1193），字致能，号石湖居士，吴县（今江苏苏州）人，南宋文学家、诗人。诗歌平易浅显、清新风趣。尤以反映农村社会生活内容的作品成就最高。有《范石湖集》34卷存世。

【注释】

1. 田园：田野、田地。
2. 杂兴：即兴写就的诗歌，不拘题材。
3. 蝴蝶：一种色彩丰富且鲜艳，翅膀和身体有各种花斑的昆虫。
4. 犬吠：狗叫。
5. 窦：洞，这里指狗窝。
6. 行商：来往各地流动经商的生意人。

【现代文翻译】

暮春时节，彩蝶双双对对飞入生长茂盛的菜花中，白昼慢慢显得长了，田户人家没有客人到访，农家院落一片寂静。突然，鸡飞过篱笆，狗在狗窝旁叫起来，这是行商的人买春茶来了。

【诗文解析】

这首诗歌描写了田园风物，蝴蝶、菜花、狗、鸡等，凸显了田园宁静安详的特征。但悄无声息的环境稍显单调与无聊。突然之间，鸡的飞动与狗的叫声打破了这安静与单调的气氛，原来有做生意的陌生人出现了，诗歌画面由此情趣顿生。

文件：延伸阅读

练 习

一、仿动态，摹写下列汉字。

田	园	杂	兴	蝴	蝶	犬	吠	窦	行	商

二、描绘诗中乡村恬静的生活画面。

_____

三、仿写下列诗句，并请同伴点评。

> 鸡飞过篱犬吠窦，
> 知有行商来买茶。
> ——范成大

仿写：_____
_____

点评：_____

四、评议"蝴蝶双双入菜花""鸡飞过篱犬吠窦"两句中诗人的观察视角。

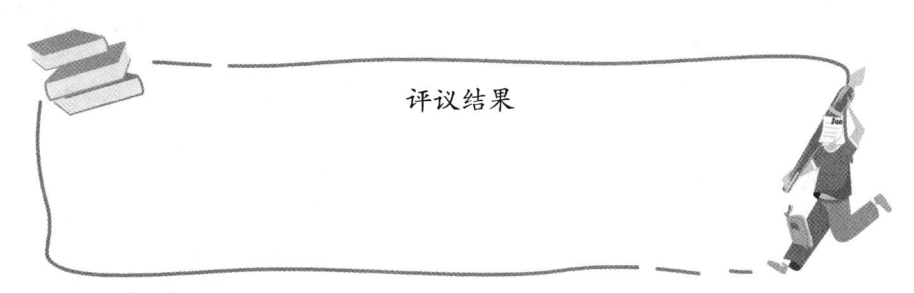

评议结果

五、配乐朗诵范成大的《晚春田园杂兴》。

正文 24

晚春

（唐）韩愈

草树知春不久归，百般红紫斗芳菲。
杨花榆荚无才思，惟解漫天作雪飞。

Wǎnchūn

（Táng）Hán Yù

Cǎoshù zhīchūn bùjiǔ guī,
bǎibān hóngzǐ dòu fāngfēi.
Yánghuā yújiá wú cáisī,
wéijiě màntiān zuò xuěfēi.

音频

【作者介绍】

韩愈（768—824），字退之，河南孟阳（今河南孟州）人，"唐宋八大家"之一，文与柳宗元齐名，称"韩柳"，诗与孟郊齐名，称"韩孟"，有《韩昌黎集》40卷传世。

【注释】

1. 百般：不管怎样。
2. 杨花：柳絮。
3. 榆荚，榆钱，是榆树的种子，因为它像古代串起来的麻钱，故名"榆钱"。
4. 惟：只是。
5. 漫天：满天。

【现代文翻译】

花草树木都知道美丽的春季不久就要结束了，不管什么花儿都在展现万紫千红的颜色争奇斗艳，空气里芳香四溢。柳絮和榆钱缺少色彩，也没有傲人的风姿，它们只是像雪花一样满天飞舞。

【诗文解析】

这首诗歌的独特之处，就是关注了晚春时节的柳絮与榆荚。在色彩艳丽的春天，它们的形与色要逊（xùn）色许多，但是诗人欣赏它们的勇气。杨花和榆荚是树种，是春天的自然物象，但诗人由植物的生长状态，联想到人的做事风格，以物拟人，认为人要应时而动，抓住时机，以实现个人的人生价值。

文件：延伸阅读

练 习

一、仿动态，摹写下列汉字。

百	般	杨	花	榆	荚	惟	漫	天

二、解读虚词"百般""惟解"对诗情的价值。

三、仿写下列诗句，并请同伴点评。

> 草树知春不久归，
> 百般红紫斗芳菲。
> ——韩愈

仿写：＿＿＿＿＿＿＿＿＿＿＿＿＿＿＿＿＿＿＿＿＿＿＿＿
＿＿＿＿＿＿＿＿＿＿＿＿＿＿＿＿＿＿＿＿＿＿＿＿＿＿

点评：＿＿＿＿＿＿＿＿＿＿＿＿＿＿＿＿＿＿＿＿＿＿＿＿

四、评议"杨花榆荚无才思，惟解漫天作雪飞"的深层含义。

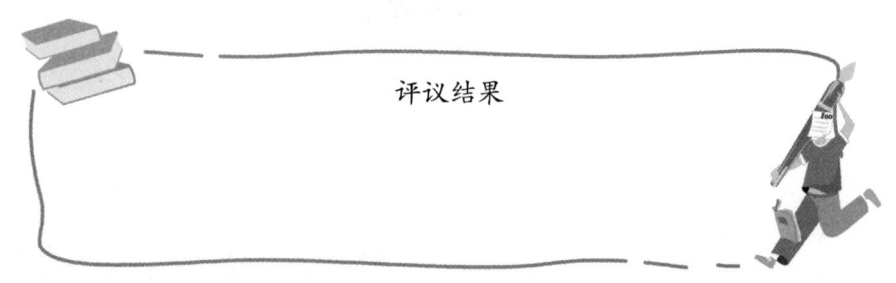

评议结果

五、配乐朗诵韩愈的《晚春》。

山亭夏日

（唐）高骈

绿树阴浓夏日长，楼台倒影入池塘。
水晶帘动微风起，满架蔷薇一院香。

Shānting xiàrì

(Táng) GāoPián

Lùshù yīnnóng xiàrì cháng,
lóutái dàoyǐng rù chítáng.
Shuǐjīng liándòng wēifēng qǐ,
mǎnjià qiángwēi yíyuàn xiāng.

音频

山亭夏日

【作者介绍】

高骈（821—887），字千里。北京市人。唐朝后期名将、诗人。

【注释】

1. 阴浓：树木在阳光的照射下形成的浓重的阴影。
2. 水晶帘动：形容烈日照耀下的池水，晶莹透亮，微风吹起，波光粼粼。水面就是一副水晶帘。
3. 蔷薇：产于中国的落叶灌木，每年4至9月开花，红色、粉红、白色、黄色等多种颜色，香气浓郁。

【现代文翻译】

山亭夏日的午时，骄阳似火，四周一片寂静，树阴浓密而且厚重。楼台的倒影深深映入清澈的池塘中，强烈的阳光下，水面晶莹剔透。微风吹起，波光粼粼，池水就像一挂精致的水晶帘，开了满架的蔷薇惹得一院芳香。

【诗文解析】

诗歌中的山亭夏日，风光旖旎（yǐnǐ），绿树浓荫，楼台倒影，池塘水波，蔷薇满架，艳丽芬芳。诗人以纯熟的语言，调动视觉、嗅觉、触觉构筑了一副色彩和谐的夏日图画。

文件：延伸阅读

练 习

一、仿动态，摹写下列汉字。

阴	浓	池	塘	晶	帘	微	架	蔷	薇	香

二、指出《山亭夏日》中的自然意象。

_____

_____

三、仿写下列诗句，并请同伴点评。

> 绿树阴浓夏日长，
> 楼台倒影入池塘。
> ——高骈

仿写：_____

_____

点评：_____

四、品一品"水晶帘动微风起，满架蔷薇一院香"的细节美。

_____

_____

五、配乐朗诵高骈的《山亭夏日》。

77

第二章 游景观

正文 26

望天门山

（唐）李白

天门中断楚江开，碧水东流至此回。
两岸青山相对出，孤帆一片日边来。

Wàng tiānménshān

(Táng) LǐBái

Tiānmén zhōngduàn chǔjiāng kāi,
bìshuǐ dōngliú zhìcǐ huí.
Liǎng'àn qīngshān xiāngduì chū,
gūfān yípiàn rìbiān lái.

音频

【作者介绍】

李白（701—762），字太白，祖籍陇西成纪（甘肃秦安），唐代伟大的浪漫主义诗人，被后人誉为"诗仙"，与杜甫合称为"大李杜"。李白的诗歌表现自我的抒情色彩明显，感情丰富有气势。有《李太白文集》30卷传世。

【注释】

1. 天门山：在安徽省和县与芜湖市长江两岸，江北的叫西梁山，江南的叫东梁山。两山隔江对峙，形同天设的门户，天门由此得名。
2. 中断：江水从中间隔断两座山。
3. 楚江：指长江，楚地就在长江中游。
4. 相对：两山对峙。
5. 孤帆：一艘船，用帆代指船。

【现代文翻译】

长江像巨斧般将天门雄峰（xióngfēng）从中劈开，碧绿的江水浩浩荡荡地从此穿过。若站在船上，就会看到东梁山和西梁山相互对峙，山峦之间森林茂密郁郁葱葱；若站在高处，就会看见江中有一艘小船从西边落日的地方悠悠驶来。

【诗文解析】

这首诗的神奇之处是，面对高俊的山峰与壮阔的江水，全诗以"孤帆"为立足点，遥望天门山。船在水中处于动态，"出"逼真地表现了在舟江中行驶过程中"望天门山"时，天门山特有的姿态，蕴含了舟中人新奇喜悦的情绪。末句远观孤舟，孤舟与红日构成一幅色彩斑斓的风景画，这样，通过视角的转换，将动态的直觉与静态的感受相结合，体现出诗歌意境的开阔，诗人包揽壮阔山川的激情。

文件：延伸阅读

练 习

一、仿动态，摹写下列汉字。

中	断	楚	江	两	岸	相	对	孤	帆

二、解释诗中"天门山"的含义。

_____

三、仿写下列诗句，并请同伴点评。

> 两岸青山相对出，
> 孤帆一片日边来。
> ——李白

仿写：_____
_____

点评：_____

四、品一品"两岸青山相对出，孤帆一片日边来"的观察视角及其艺术效果。

_____

_____

五、配乐朗诵李白的《望天门山》。

望 岳

（唐）杜甫

岱宗夫如何？齐鲁青未了。
造化钟神秀，阴阳割昏晓。
荡胸生曾云，决眦入归鸟。
会当凌绝顶，一览众山小。

Wàng yuè

(Táng) Dù Fǔ

Dàizōngfú rúhé? qílǔ qīng wèiliǎo.
Zàohuà zhōng shénxiù, yīnyáng gē hūnxiǎo.
Dàngxiōng shēng céngyún, juézì rù guīniǎo.
Huìdāng língjuédǐng, yìlǎn zhòngshān xiǎo.

【作者介绍】

杜甫（712—770），字子美，唐代伟大的现实主义诗人，诗歌思想深厚，境界广阔，诗歌风格"沉郁顿挫"，与李白合称"李杜"。杜甫共有约1500首诗歌被保留了下来，大多收集在《杜工部集》中。

【注释】

1. 岳：高大的山，这里指泰山。
2. 岱宗：泰山，五岳之首（南岳衡山、北岳恒山、中岳嵩山、西岳华山，东岳泰山）。
3. 齐鲁：现在的山东省，在先秦时是齐国、鲁国，战国末年齐鲁文化融合。
4. 造化：大自然，创造、化育。
5. 钟：中国古代的一种计量容器。这里是聚集的意思。
6. 神秀：神奇秀美。
7. 阴阳：山的北面与南面。
8. 割：分，切断，截下。
9. 昏晓：傍晚与早晨。
10. 荡胸：洗涤胸怀。
11. 决眦：决，水冲破堤坝。眦，眼角。这里指看鸟高飞，眼眶几乎要撑裂。
12. 会当：终当，定要。
13. 凌：登上。

【现代文翻译】

东岳泰山是什么样的？走出齐鲁大地依然能看到山峰葱绿无边。大自然的美景全聚集于此，山的南面是白天，山的北面是黄昏，一天之中，泰山被分割为两重天。仰望泰山云雾缭绕，胸怀被荡涤（dàngdí）净静。归鸟高飞，看得人眼睛都酸了。有一天定当登上泰山，俯视天下山峦的微小。

【诗文解析】

这首诗描写了泰山的景观及诗人借泰山的高大巍峨、景色秀丽、文化内涵丰富等，表达自己要实现人生抱负的襟（jīn）怀。"割昏晓"指泰山的相对海拔高，出现一日两重天的神奇景象；"钟神秀"指泰山处于暖温带气候的景色神奇秀丽，植被丰富像是大自然的鬼斧神工。泰山上还有道家与儒家思想相互融合，帝王封禅

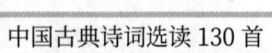

（fēngshàn）泰山，告慰天帝的历史景观等。年轻的杜甫面对泰山生出了在人生中干一番事业的激情。

文件：延伸阅读

练 习

一、仿动态，摹写下列汉字。

岳	岱	宗	造	化	神	秀	阴	阳	割

二、拍摄泰山一角，并与表现泰山"高大"的诗句相匹配。

三、仿写下列诗句，并请同伴点评。

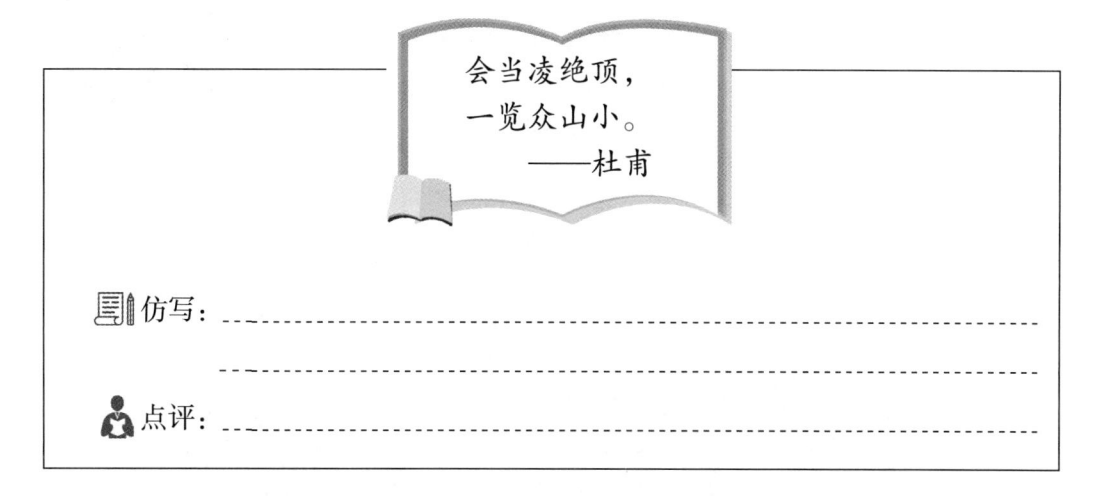

> 会当凌绝顶，
> 一览众山小。
> ——杜甫

仿写：_____

_____

点评：_____

四、议一议"会当凌绝顶，一览众山小"的普遍意义。

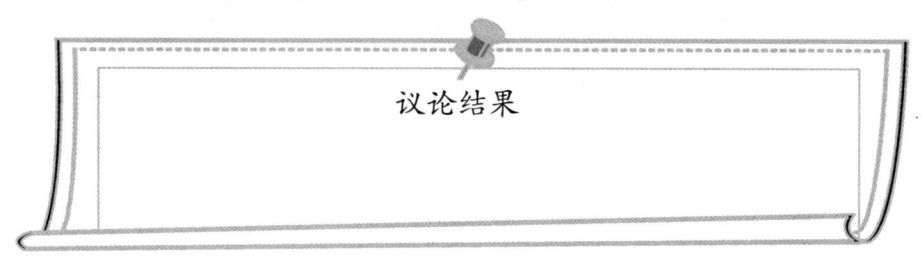

议论结果

五、配乐朗诵杜甫的《望岳》。

登鹳雀楼

（唐）王之涣

白日依山尽，黄河入海流。
欲穷千里目，更上一层楼。

Dēng guànquèlóu

(Táng) Wáng Zhīhuàn

Báirì yī shānjìn,
huánghé rù hǎiliú.
Yùqióng qiānlǐ mù,
gèngshàng yìcéng lóu.

音频

【作者介绍】

王之涣（688—742），字季凌，先祖晋阳人，后五世祖迁绛州（今山西新绛），长于边塞诗。《全唐诗》存诗六首。

【注释】

1. 鹳雀楼：建筑名。鹳雀，一种羽毛白、尾黑、嘴长的水鸟。鹳雀楼在山西省永济市。
2. 依：顺着，沿着。
3. 欲穷：欲，想要。穷，尽。
4. 更：再。

【现代文翻译】

站在高高的鹳雀楼上，向远处看去，只见太阳运行了一天，到了傍晚，便顺着西面的山峦渐渐地落下去了。向东一看，滔滔的黄河水朝着大海汹涌奔流。这些壮阔的景观，站在鹳雀楼上就可以看到，但想要看得更多、更远，就要登上更高一层楼了。

【诗文解析】

这首诗歌思维独特，太阳和黄河虽然平常，但一个高，一个长，很难看到具体的形象，不过，登上鹳雀楼，就可以具体感受到这些景观的样子和动态了。"白日依山尽，黄河入海流"就是高处所见的妙境。这首诗歌思维独特的另一个地方是，从眼前看到的，转向诗人内心的感受，这一感受有着普遍意义和鼓励人积极进取的力量。因此，"欲穷千里目，更上一层楼"成为催人奋进的名句。

文件：延伸阅读

练 习

一、仿动态，摹写下列汉字。

登	鹳	雀	楼	黄	流	穷

二、拍摄"夕阳落山""黄河东流"的开阔景象并配诗句。

三、仿写下列诗句，并请同伴点评。

> 白日依山尽，
> 黄河入海流。
> ——王之涣

仿写：_____

_____

点评：_____

四、评议"欲穷千里目，更上一层楼"的思想价值。

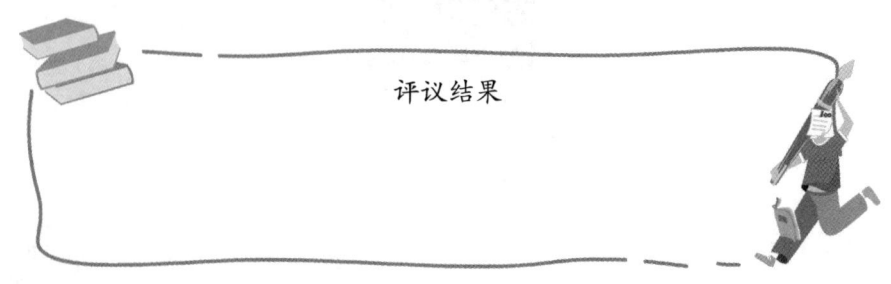

评议结果

五、配乐朗诵王之涣的《登鹳雀楼》。

正文 29

黄鹤楼

（唐）崔颢

昔人已乘黄鹤去，此地空余黄鹤楼。
黄鹤一去不复返，白云千载空悠悠。
晴川历历汉阳树，芳草萋萋鹦鹉洲。
日暮乡关何处是？烟波江上使人愁。

Huánghèlóu

(Táng) CuīHào

Xīrén yǐchéng huánghè qù, cǐdì kōngyú huánghèlóu.
Huánghè yíqù bú fùfǎn, báiyún qiānzǎi kōngyōuyōu.
Qíngchuān lìlì hànyángshù, fāngcǎo qīqī yīngwǔzhōu.
Rìmù xiāngguān héchùshì? yānbō jiāngshàng shǐrénchóu.

【作者介绍】

崔颢（hào）（704？—754），汴州（现在的河南开封市）人，唐朝著名诗人，《全唐诗》存诗一卷。

【注释】

1. 黄鹤楼：在湖北省武汉市长江南岸的武昌蛇山上，濒临（bīnlín）万里长江，有"天下江山第一楼"的美誉。
2. 空余：白白地留下。
3. 悠悠：白云飘的样子。
5. 历历：清晰可数。
6. 萋萋：草茂盛的样子。
7. 乡关：故乡。

【现代文翻译】

据说费祎曾修道成仙，乘着黄鹤离开了黄鹤楼。黄鹤飞走后再也没有回到这个地方，只有黄鹤楼高高地矗立着。千百年来，黄鹤楼畔的白云在天空中悠然飘荡。站在黄鹤楼上向远处眺望，只见晴空万里，隔着江岸汉阳的一棵棵绿树都看得清清楚楚，附近鹦鹉洲上的绿草丰茂油亮。这美丽的景色令人陶醉，不知不觉到了傍晚时分。江面上渐渐升腾起雾气，美丽的景色淹没在雾气里没有了踪迹，这时不由得想起自己的家乡，心里突然多了几分惆怅。

【诗文解析】

这首诗主要描述诗人登临长江边著名的黄鹤楼时观览美景的经过及个人情感的变化。颈联"晴川历历汉阳树，芳草萋萋鹦鹉洲"是这首七言律诗中最精彩的诗句，丰富绚丽的色彩体现在太阳、绿树、花草等自然的物象中，也是诗人快乐情绪不露痕迹的附着物。但尾联"日暮乡关何处是，烟波江上使人愁"，由景色的虚化唤起了诗人想念家乡的伤感情绪，这种情绪很容易引起他乡生活的人的情感共鸣。诗中景色的变化与诗人情感变化相应和，画面清晰，诗人的内心真实可触。

文件：延伸阅读

练 习

一、仿动态，摹写下列汉字。

鹤	复	返	千	载	悠	历	萋	乡	关

二、拍摄黄鹤楼及周围景色并配解说词。

三、品一品"晴川历历汉阳树，芳草萋萋鹦鹉洲"对偶美。

_____

_____

四、仿写下列诗句，并请同伴点评。

> 晴川历历汉阳树，
> 芳草萋萋鹦鹉洲。
> ——崔颢

仿写：_____

_____

点评：_____

五、配乐朗诵崔颢的《黄鹤楼》。

正文 30

乐游原

（唐）李商隐

向晚意不适，驱车登古原。
夕阳无限好，只是近黄昏。

Lèyóuyuán

(Táng) LǐShāngyǐn

Xiàngwǎn yìbúshì,
qūchē dēng gǔyuán.
Xīyáng wúxiànhǎo,
zhǐshì jìnhuánghūn.

音频

【作者介绍】

李商隐（约812—约858），字义山，号玉谿（xī）生，怀州河内（河南沁阳）人，晚唐著名诗人。李商隐的诗歌构思新奇，风格秾（nóng）丽，尤其是一些爱情诗和无题诗写得缠绵悱恻（chánmiánfěicè），优美动人，广为传诵。和杜牧合称"小李杜"，有《李义山诗集》传世。

【注释】

1. 乐游原：在长安（现在的西安）城南，西汉时称乐游苑，是唐代长安城内地势最高的地方，唐代游览胜地。
2. 向晚：傍晚。向，临近。
3. 驱车：驾车。驱，赶。

【现代文翻译】

接近傍晚时分，心情不舒畅，于是驾车登上乐游原景区观景散心。眼见夕阳笼罩下的景色格外辉煌壮丽，只可惜黄昏近在眼前了。

【诗文解析】

诗歌直述诗人心情不畅快，即"意不适"，于是乘车外出，登上了当时有名的景点——乐游原，看到夕阳照耀下的乐游原色彩绚丽灿烂，不由心生感叹："夕阳无限好"。但夕阳下的美丽景色不会持续多久，很快会被夜晚替代，"只是近黄昏"，表明诗人的情绪由赞叹转向伤感。诗歌明白如话，不做雕琢，但感情深挚，富有哲理。

文件：延伸阅读

练 习

一、仿动态，摹写下列汉字。

乐	游	原	向	晚	驱	车

二、扮演诗人形象，讲述《乐游原》的故事。

三、仿写下列诗句，并请同伴点评。

> 夕阳无限好，
> 只是近黄昏。
> ——李商隐

仿写：_____

点评：_____

四、品一品"夕阳无限好，只是近黄昏"的意境美。

五、配乐朗诵李商隐的《乐游原》。

正文 31

登幽州台歌

（唐）陈子昂

前不见古人，后不见来者
念天地之悠悠，独怆然而涕下！

Dēng yōuzhōutáigē

(Táng) ChénZǐ'áng

Qián bújiàn gǔrén,
hòu bújiàn láizhě.
Niàn tiāndì zhī yōuyōu,
dú chuàngrán ér tìxià!

音频

【作者介绍】

陈子昂（661—702），字伯玉，梓州射洪（今属四川）人，初唐诗歌革新先驱，诗歌苍劲有力。有《陈伯玉文集》十卷传世。

【注释】

1. 幽州台：古十二州之一，现今北京市。即黄金台，又称蓟北楼，故址在现在的北京市大兴区，是燕昭王广泛招纳天下贤士而创建的。
2. 怆然：悲伤的样子。
3. 涕：流泪。

【现代文翻译】

登上高高的幽州台，放眼远望，向前看看不见古代的招贤纳士的燕昭王，向后看看不到像燕昭王那样胸怀宽广的明君，心中无比的怅惘，独自一个人站在这里怀想，不由地流下悲伤的泪水。

【诗文解析】

这首诗歌真实地表现了有才干的人不被重视，不能施展抱负的寂寞与孤独的情绪。"前不见古人，后不见来者"的诗句视野开阔，历史跨度大，显示了诗人丰富的学识。诗歌风格苍劲奔放，具有强烈的感染力。

文件：延伸阅读

练 习

一、仿动态，摹写下列汉字。

幽	州	台	怆	然	涕	下

二、解读"幽州台"的文化含义。

_____

三、仿写下列诗句，并请同伴点评。

> 念天地之悠悠，
> 独怆然而涕下。
> ——陈子昂

仿写：_____
_____

点评：_____

四、议一议"念天地之悠悠，独怆然而涕下"中的诗人形象。

议论结果

五、配乐朗诵陈子昂的《登幽州台歌》。

寻隐者不遇

（唐）贾岛

松下问童子，言师采药去。
只在此山中，云深不知处。

Xún yǐnzhě búyù

(Táng) JiǎDǎo

Sōngxià wèn tóngzǐ,
yánshī cǎiyào qù.
Zhǐzài cǐshān zhōng,
yúnshēn bùzhī chù.

音频

【作者介绍】

贾岛（779—843），字阆（láng）仙，自号碣（jié）石山人，河北省涿（zhuō）州人，唐代诗人。贾岛的诗以五言律诗见长，每句诗和每个字都经过反复锤炼，用心推敲，所以语言自然。有《长江集》十卷存世。

【注释】

1. 童子：没有成年的人。
2. 不遇：不，没有。遇，相见。
3. 言：说，说话。

【现代文翻译】

我在松树下询问童子，他的师父去了哪里。童子回答说，师父到山里采药去了。我问，具体是哪座山，童子答，就这座山。我问，在山的什么地方，童子说，山大，云层深厚，不太清楚具体在哪里。

【诗文解析】

这首诗歌以浅白的语言，对话的形式，营造了道士修仙的安静清幽的生活环境。"云深不知处"凸显远离尘世的境界。诗歌言简意赅，堪称典范，明明三问三答，但全诗只有四句，二十个字。

文件：延伸阅读

练 习

✏️ 一、仿动态，摹写下列汉字。

不	遇	岛	童	子	言	师	药	深

📖 二、写出诗中隐藏的三个问句。

1. _____；2. _____；3. _____

✏️ 三、仿写下列诗句，并请同伴点评。

> 只在此山中，
> 云深不知处。
> ——贾岛

📝 仿写：_____

👤 点评：_____

💬 四、议一议古典诗歌言简义丰的特点。

议论结果

🔊 五、配乐朗诵贾岛的《寻隐者不遇》。

寻隐者不遇

（宋）魏野

寻真误入蓬莱岛，香风不动松花老。
采芝何处未归来，白云遍地无人扫。

Xún yǐnzhě búyù

(Sòng) WèiYě

Xúnzhēn wùrù péngláidǎo,
xiāngfēng búdòng sōnghuālǎo.
Cǎizhī héchù wèiguīlái,
báiyún biàndì wúrénsǎo.

音频

【作者介绍】

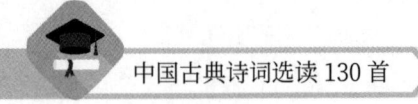

　　魏野，字仲先，号草堂居士，北宋诗人。诗歌风格清淡朴实。

【注释】

1. 寻：按照设定的目标主动找。
2. 隐者：多指道士，离凡尘归山野的人。
3. 蓬莱：蓬莱山。中国神话里，仙人在渤海居住的神山之一。
4. 采芝：采摘灵芝。芝，灵芝，指有药用价值的一种真菌，形如肾脏，中国文化的寓意为吉祥如意。
5. 松花：松科植物的花粉，有药用价值。

【现代文翻译】

　　我寻找仙道误打误撞进了蓬莱仙岛，四处飘散着香烟的味道，松花都已长老。道人到深山中去采摘灵芝不知什么时候归来，我被遍地的白云包裹着，没有见有人来清扫。

【诗文解析】

　　这首诗描写诗人寻访道人的一次人生经历。诗歌的妙处是通过诗人所见所感绘出道人修道的居住地远离凡尘的特点。"香风不动松花老""白云遍地无人扫"从侧面烘托了道人超凡脱俗的格调。

文件：延伸阅读

练　习

一、仿动态，摹写下列汉字。

寻	隐	者	蓬	莱	采	芝	松	花

二、扮诗人魏野，讲《寻隐者不遇》的故事。

三、仿写下列诗句，并请同伴点评。

> 寻真误入蓬莱岛，
> 香风不动松花老。
> ——魏野

仿写：_____
_____

点评：_____

四、品一品"白云满地无人扫"的意境。
_____
_____

五、配乐朗诵魏野的《寻隐者不遇》。

剑门道中遇微雨

（宋）陆游

衣上征尘杂酒痕，远游无处不销魂。
此身合是诗人未？细雨骑驴入剑门。

Jiànmén dàozhōng yùwēiyǔ

(Sòng) Lù Yóu

Yīshàng zhēngchén zájiǔhén,
yuǎnyóu wúchù bùxiāohún.
Cǐshēn héshì shīrénwèi?
xìyǔ qílǘ rùjiànmén.

【作者介绍】

陆游（1125—1210），字务观，号放翁。越州山阴（今属浙江绍兴）人，南宋著名诗人。其诗数量丰富，风格多样，有《剑南诗稿》八十五卷存世。

【注释】

1. 剑门：四川省剑阁县。因为大剑山在这里峭壁中断，两崖壁立，像劈开了扇大门。
2. 征尘：因出征而沾染尘土。
3. 酒痕：衣服上留下酒渍。
4. 无处：处处，每一处。
5. 销魂：因受到过分刺激，灵魂离开身体。这里指诗人愁苦的心情。
6. 合：应该。
7. 未：否。

【现代文翻译】

我的衣服上沾满了尘土掺杂着酒渍，出游远行遇到的每一处都让人黯然（ànrán）感伤，难道我就只应该是一个诗人吗？冒着绵绵细雨，我骑着毛驴走进了剑门关。

【诗文解析】

这首诗歌是陆游由征战的前线调回大后方途经剑门关时写的。陆游有许多诗是表达爱国精神的，所以这首诗含蓄地表达了报国无门的感伤情绪。但是，因为诗句"此身合是诗人未？细雨骑驴入剑门"。画面丰富有趣，有诗人、驴、细雨和剑门，形象生动，诗情画意，吸引了读者的视线，往往令人忘记了诗人的真实情怀。

文件：延伸阅读

练 习

一、仿动态，摹写下列汉字。

剑	门	征	尘	酒	痕	销	魂	合	未

二、概括"衣上征尘杂酒痕，远游无处不销魂"中的诗人形象。

三、仿写下列诗句，并请同伴点评。

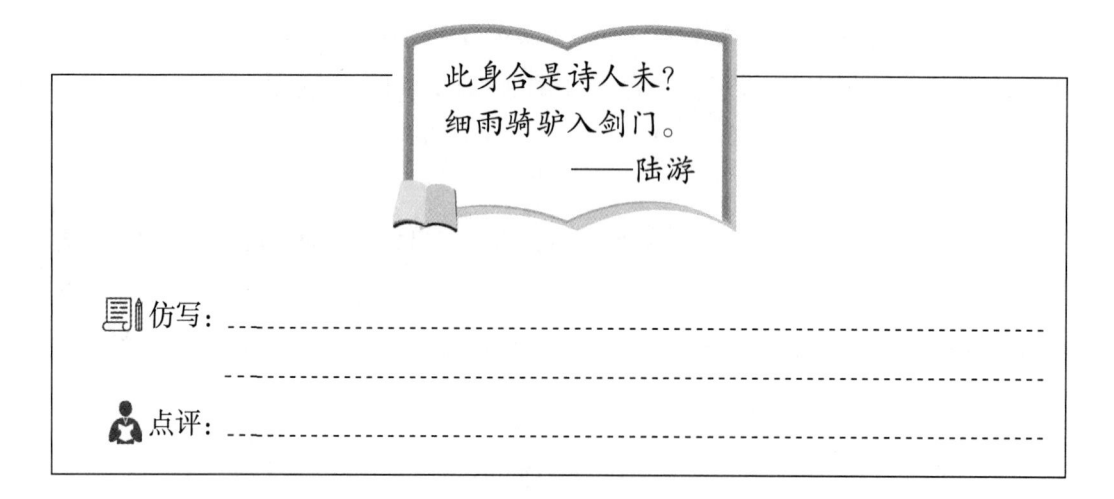

> 此身合是诗人未？
> 细雨骑驴入剑门。
> ——陆游

仿写：_____

点评：_____

四、议一议诗人自我评价的文化含义。

议论结果

五、配乐朗诵陆游的《剑门道中遇微雨》。

绝 句

（宋）志南

古木阴中系短篷，杖藜扶我过桥东。
沾衣欲湿杏花雨，吹面不寒杨柳风。

Jué jù

(Sòng) ZhìNán

Gǔmù yīnzhōng xì duǎnpéng,
zhànglí fúwǒ guòqiáodōng.
Zhānyī yùshī xìnghuāyǔ,
chuīmiàn bùhán yángliǔfēng.

【作者介绍】

志南，南宋诗僧，志南是他的法号（僧人自己起的名字）。

【注释】

1. 系：用绳子绑住。
2. 短篷：带篷的小船。
3. 杖藜：藜做的拐杖。
4. 沾衣：浸湿衣服。沾：接触而附着。

【现代文翻译】

在浓荫参天的古树中，我系好小船，拄着藜杖，慢慢走到桥的东头。正是杏花盛开的时节，春雨轻柔地飘洒，春衫欲湿未湿；杨柳舞动着柔软的枝条，春风劲吹，脸颊却无丝毫寒意。眼中看见春天的美景，空气里散发着春天的气息，这一切都让人心情舒畅。

【诗文解析】

这首诗语法顺序被打乱，突出了志南春游所见参天古木的印象，感受藜杖的扶持作用，欣赏到杏花雨的柔柔飘洒，杨柳风的轻轻吹拂。既有春游的惬意感，又有仲春景物的细节点染。细细品味，真切而令人心生快意。南宋朱熹评价志南的诗清新秀丽，干净超尘，说："南诗清丽有余，格力闲暇，无蔬笋气。如云：'沾衣欲湿杏花雨，吹面不寒杨柳风'予深爱之。"

文件：延伸阅读

练 习

一、仿动态，摹写下列汉字。

系	阴	短	篷	杖	藜	桥	沾	衣	面

二、扮志南（僧人）的形象，讲春游的故事。

三、仿写下列诗句，并请同伴点评。

> 古木阴中系短篷，
> 杖藜扶我过桥东。
> ——志南

仿写：_____

点评：_____

四、品一品"沾衣欲湿杏花雨，吹面不寒杨柳风"的意境美。

五、配乐朗诵志南的《绝句》。

钱塘湖春行

（唐）白居易

孤山寺北贾亭西，水面初平云脚低。
几处早莺争暖树，谁家新燕啄春泥。
乱花渐欲迷人眼，浅草才能没马蹄。
最爱湖东行不足，绿杨阴里白沙堤。

Qiántánghú chūnxíng

(Táng) BáiJūyì

Gūshānsìběi jiǎtíngxī, shuǐmiàn chūpíng yúnjiǎodī.
Jǐchù zǎoyīng zhēng nuǎnshù, shuíjiā xīnyàn zhuó chūnní.
Luànhuā jiànyù mírényǎn, qiǎncǎo cáinéng mòmǎtí.
Zuìài húdōng xíngbùzú, lǜyáng yīnlǐ báishādī.

【作者介绍】

白居易（772—846），字乐天，号香山居士，渭南下邽（今属陕西渭南）人，唐代伟大的现实主义诗人，早年与元稹齐名，并称"元白"，晚年与刘禹锡并称"刘白"，语言浅显平易。有《白氏长庆集》七十一卷存世。

【注释】

1. 钱塘湖：即西湖。在浙江省杭州市西部，是中国主要的观赏性淡水湖泊，中国首批国家重点风景名胜区，湖中有孤山、白堤、苏堤、杨公堤等。
2. 孤山寺：南北朝时期陈文帝初年（559—566）建造。孤山在西湖的里、外湖之间，因与其他山不相接连，就称作孤山。上有孤山亭，可俯瞰西湖全景。
3. 云脚：接近地面的云气。
4. 贾亭：唐贞元年（785—804）中，贾全出任杭州刺史，在钱塘湖建亭。人称"贾亭"或"贾公亭"。
5. 早莺：初春早来的黄鹂鸟。莺，黄鹂，鸣叫婉转动听。
6. 啄：鸟类用嘴取物。
7. 没：遮盖。
8. 白沙堤：白堤，又称沙堤、断桥堤，在西湖东畔，唐朝以前已存在。

【现代文翻译】

经过一场春雨后，西湖从孤山寺的北面到贾公亭的西面一片春意盎然。湖水涨得快与堤岸齐平了，层层叠叠的云气垂下来，与水连在一起。近处，早来的黄鹂欢叫着争先飞向朝阳的树上，选好人家的春燕正忙着衔泥做窝呢。五颜六色的花儿在草丛中渐次开放，看得人眼花缭乱，浅浅的草儿刚刚能盖住马蹄。我最喜欢湖东的美景，真是百游不厌，只见在成排的杨柳的绿荫中，一条长长的白堤穿过。

【诗文解析】

这是白居易描写钱塘湖早春景色的一首七言律诗。先写远观，钱塘湖的水，经春雨后涨得与岸齐平，天上的云气与水面相连。再写近景，早莺和新燕正在忙碌，花儿草儿正在生长。诗歌抓住了代表钱塘湖初春的景物的特征进行描写，画面生动传神。"最爱"一联是写诗人骑马走过白堤的感受，直接表达了诗人对钱塘湖美丽春景的喜爱。

文件：延伸阅读

练 习

一、仿动态，摹写下列汉字。

钱	塘	湖	孤	山	亭	云	脚	早	啄

二、拍摄春游西湖的过程，分享见闻。

三、仿写下列诗句，并请同伴点评。

> 乱花渐欲迷人眼，
> 浅草才能没马蹄。
> ——白居易

仿写：_____

点评：_____

四、依据《钱塘湖春行》说明律诗的对仗范式。

五、配乐朗诵白居易的《钱塘湖春行》。

江行无题一百首（其九十八）

（唐）钱珝

万木已清霜，江边村事忙。
故溪黄稻熟，一夜梦中香。

Jiāngxíngwútíyìbǎishǒu (qíjiǔshíbā)

(Táng) QiánXǔ

Wànmù yǐ qīngshuāng,
jiāngbiān cūnshì máng.
Gùxī huángdào shú,
yíyè mèngzhōng xiāng.

【作者介绍】

钱珝,唐代诗人,著有组诗《江行无题》共一百首。

【注释】

1. 清霜：寒霜。霜,指地面的空气相对湿度到达100%,遇冷凝结成的一种白色冰晶现象。
2. 黄稻：一般指水稻,叶子细长,花白色或绿色。子实叫稻谷,去壳后叫大米。
3. 熟：植物的果实等完全长成了。

【现代文翻译】

深秋时节,树叶都已凋零,空气因清霜透出了寒意。但是站在船头,看到江边一片片成熟的稻谷,农夫们正在忙秋收,想起家乡的稻谷也熟了,此情此景,让人在睡梦里都闻得见稻谷的清香。

【诗文解析】

这首诗歌写的是长江边农夫收获晚稻的生活。"万木已清霜""故溪黄稻熟",稻谷是长江沿岸人们生活的主食。晚稻成熟的季节大约是每年的10月份,这时,天气经霜渐渐有了寒意,但农民不能懈怠（xiè dài）,稻子熟了要赶快收割。"村事忙",整个村子为收获稻子而忙碌。"故溪",诗人是湖州人,联想到家乡的收获季,"一夜梦中香",真实地反映诗人内心满足和想念家乡的心理。

文件：延伸阅读

练 习

一、仿动态，摹写下列汉字。

清	霜	忙	稻	熟	梦

二、拍摄农忙时节的生活并配解说字幕。

三、仿写下列诗句，并请同伴点评。

> 万木已清霜，
> 江边村事忙。
> ——钱珝

仿写：_____

点评：_____

四、议一议"故溪黄稻熟，一夜梦中香"中的思乡之情。

议论结果

五、配乐朗诵钱珝的《江行无题》。

长干行

（唐）崔颢

君家何处住，妾住在横塘。
停船暂借问，或恐是同乡。

Chánggānxíng

(Táng) CuīHào

Jūnjiā héchù zhù,
qièzhù zài héngtáng.
Tíngchuán zàn jièwèn,
huòkǒng shì tóngxiāng.

音频

【作者介绍】

崔颢（704？—754），汴州（今河南省开封市）人，唐代诗人，尤其以七言律诗著名。

【注释】

1. 君：你，对男子的称呼。
2. 妾：我，女子自称。
3. 横塘：地名，江苏省南京市。
4. 暂：时间不长。

【现代文翻译】

您家是哪里的呀，我家在南京。移动船只彼此靠近，聊聊家常吧，说不定我们是同乡呢。

【诗文解析】

长干行，又作长干曲，是乐府旧题，是长江下游一带的民歌，内容多写船妇的生活。这首诗歌用朴素直白的语言描写了一个年轻船妇的日常生活，遇到口音与家乡口音相近的人，倍感亲切，忍不住发问并且直接介绍自己。"君家何处住，妾住在横塘。"中国人家乡观念浓厚，在异乡听到乡音互相问候更觉亲切。

文件：延伸阅读

练 习

一、仿动态，摹写下列汉字。

家	住	横	塘	借	暂	恐

二、解释"长干行"的含义及民歌特征。

含义：_____

民歌特征：_____

三、仿写下列诗句，并请同伴点评。

> 停船暂借问，
> 或恐是同乡。
> ——崔颢

仿写：_____

_____

点评：_____

四、议一议"停船暂借问，或恐是同乡"中的故乡观念。

议论结果

五、配乐朗诵崔颢的《长干行》。

晓出净慈寺送林子方

（宋）杨万里

毕竟西湖六月中，风光不与四时同。
接天莲叶无穷碧，映日荷花别样红。

Xiǎochū Jìngcísì Sòng Lín Zǐfāng

(Sòng) Yáng Wànlǐ

Bìjìng Xīhú liùyuèzhōng,
fēngguāng bùyǔ sìshítóng.
Jiētiān liányè wúqióngbì,
yìngrì héhuā biéyànghóng.

音频

【作者介绍】

　　杨万里（1127—1206），字廷秀，世称诚斋先生，吉州吉水（今属江西）人，南宋著名的文学家、爱国诗人。诗歌大多描写自然景物，语言浅近，明白如话。有《诚斋集》133卷。

【注释】

1. 毕竟：到底。
2. 风光：风景。
3. 接天：与天连在一起。指水域的面积大，荷叶碧绿油亮，荷花开得盛。
4. 无穷：无边无际。
5. 映日：阳光照耀。
6. 别样：不一样，特别地。

【现代文翻译】

　　阳光灿烂的清早，从净慈寺走出来，看到西湖的美景，不由让人赞叹：毕竟是盛夏六月了，景致自然与其他季节不一样啊！满眼是挺拔肥厚的荷叶，一直延伸到了天边，在骄阳之下，荷花荷苞红得格外可爱与热烈。

【诗文解析】

　　这是首赞美杭州西湖六月景致的诗歌。诗句"接天莲叶无穷碧，映日荷花别样红"有震撼人心的力量。《宋人绝句选》评价这首诗"气象万千，有吞吐万里之势"。荷本有君子的文化含义。杨万里和林子方互为知己，所以，诗人在满怀热情地赞美西湖荷花荷叶时，也将彼此的赞赏融入其中了。

文件：延伸阅读

练 习

一、仿动态，摹写下列汉字。

毕	竟	风	光	接	天	无	穷	别	样

二、写出《晓出净慈寺送林子方》赞叹西湖美景的诗句。

_____

_____

三、仿写下列诗句，并请同伴点评。

> 接天莲叶无穷碧，
> 映日荷花别样红。
> ——杨万里

仿写：_____

_____

点评：_____

四、拍摄西湖夏日风光，配汉语解说词。

五、配乐朗诵杨万里的《晓出净慈寺送林子方》。

江畔独步寻花七绝句

（唐）杜甫

黄四娘家花满蹊，千朵万朵压枝低。
留连戏蝶时时舞，自在娇莺恰恰啼。

Jiāngpàn Dúbù Xúnhuā Qījuéjù

(Táng) Dù Fǔ

Huángsìniángjiā huāmǎnxī,
qiānduǒwànduǒ yāzhīdī.
Liúliánxìdié shíshíwǔ,
zìzàijiāoyīng qiàqiàtí.

音频

【作者介绍】

杜甫（712—770），字子美，先祖是京兆杜陵（今陕西西安）人，后迁襄阳（今湖北襄樊），曾祖迁巩县（今河南巩义），唐代伟大的现实主义诗人，诗风"沉郁顿挫"。与李白合称"李杜"。约有1500首诗被保留下来，收集在《杜工部集》中。

【注释】

1. 蹊：小路。
2. 枝：树枝。
3. 留连：眼前景色的吸引，舍不得离开。
4. 戏蝶：戏：嬉戏。嬉戏的蝴蝶。
5. 娇莺：娇，小，可爱的。莺，黄莺。
6. 恰恰：鸟鸣声。

【现代文翻译】

黄四娘家院落周围及小路边开满了鲜花。千万朵鲜花，将树枝都压得低垂了。繁盛的花朵引得彩蝶在花丛中翻飞嬉戏，小黄莺也轻松自在地在树上歌唱。

【诗文解析】

诗歌描写了鲜花簇拥的普通人家美好生活的景象，反映了诗人闲适与喜悦的心情。诗人的目光聚焦点是黄四娘家院落：鲜花繁茂，惹人流连，而诗人并不是唯一的欣赏者，还有翩翩起舞的彩蝶和声音婉转的黄莺。花"满"蹊，蝶"舞"，莺"啼"，一份快乐，一种满足，从诗人笔下流淌出来。"黄四娘家花满蹊，千朵万朵压枝低"就是生活美好的样子。

文件：延伸阅读

练 习

一、仿动态，摹写下列汉字。

蹊	留	连	戏	蝶	娇	莺

二、拍摄"黄四娘家花满蹊，千朵万朵压枝低"的画面并配字幕。

三、仿写下列诗句，并请同伴点评。

> 黄四娘家花满蹊，
> 千朵万朵压枝低。
> ——杜甫

仿写：_____
_____

点评：_____

四、议一议"留连戏蝶时时舞，自在娇莺恰恰啼"中人与自然的关系。

议论结果

五、配乐朗诵杜甫的《江畔独步寻花》。

望庐山瀑布

（唐）李白

日照香炉生紫烟，遥看瀑布挂前川。
飞流直下三千尺，疑是银河落九天。

Wàng LúShān Pùbù

(Táng) Lǐ Bái

Rìzhào xiānglú shēngzǐyān,
yáokàn pùbù guàqiánchuān.
Fēiliúzhíxià sānqiānchǐ,
yíshìyínhé luòjiǔtiān.

音频

【作者介绍】

李白（701—762），字太白，唐代伟大的浪漫主义诗人，被后人誉为"诗仙"，与杜甫合称为"大李杜"。李白的诗歌表现自我的抒情色彩明显，感情丰富有气势。有《李太白文集》三十卷传世。

【注释】

1. 香炉：庐山的香炉峰。
2. 紫烟：太阳照射的水汽，远望像紫色的云烟。
3. 瀑布：从山壁上或河床突然降落的地方流下的水，远看好像挂着的白布。
4. 飞流：瀑布水花喷溅的样子。
5. 银河：古称天河、河汉。夏日晴朗的夜空中出现的乳白色光带。
6. 九天：古人认为天有九重，九是最大的数。九天，天空最高处。

【现代文翻译】

丽日晴空，远远望去香炉峰在太阳的照耀下升腾起紫色的云烟，庐山的瀑布从山顶上垂挂下来，水花喷溅，流水快速滑落，有三千尺那么长，我怀疑九天的银河落到人间来了呢。

【诗文解析】

这首诗歌是李白游历庐山时，仰望香炉峰，看到阳光下的香炉峰紫烟升腾，不由赞叹大自然的神奇。一个"生"字，仿佛一派神仙境界。瀑布从香炉峰顶端直泻而下，水花飞溅，色泽乳白，一个"挂"字，瀑布就生成了一条巨幅的白练。诗人为眼前壮丽景色震撼，心生联想：银河降落人间。由此赞美庐山就是人间仙境。

文件：延伸阅读

练 习

一、仿动态，摹写下列汉字。

香	炉	紫	烟	瀑	布	钓	流	银

二、扮李白，讲述《望庐山瀑布》的故事。

三、仿写下列诗句，并请同伴点评。

> 飞流直下三千尺，
> 疑是银河落九天。
> ——李白

仿写：_____

点评：_____

四、品一品"飞流直下三千尺，疑是银河落九天"的夸张之美。

五、配乐朗诵李白的《望庐山瀑布》。

游园不值

（宋）叶绍翁

应怜屐齿印苍苔，小扣柴扉久不开。
春色满园关不住，一枝红杏出墙来。

Yóuyuán bùzhí

(Sòng) Yè Shàowēng

Yīnglián jīchǐ yìn cāngtái,
xiǎokòu cháifēi jiǔ bùkāi.
Chūnsè mǎnyuán guān búzhù,
yìzhī hóngxìng chū qiánglái.

音频

【作者介绍】

叶绍翁（1194？－？），字嗣宗，一字靖逸，祖籍固始（今河南），南宋诗人，长于七绝，诗歌语言平易含蓄，意境淡远。有《靖逸小集》一卷存世。

【注释】

1. 不值：去某地方不合时，未能见到想见之人。值，遇。
2. 屐齿：木鞋底的齿。
3. 苍苔：青苔。
4. 柴扉：用树枝编成简陋的门。
5. 红杏：正在开放的杏花。

【现代文翻译】

我轻轻地敲了好一会柴门，也不见主人来开，应该是怜惜台阶上的青苔，怕留下木屐的齿痕吧。虽然有些失望，但是满园的春色岂是能锁住的，只见一束开得正盛的杏花，从院墙内伸出来。

【诗文解析】

诗歌描绘诗人游园遇主人不在，有些失望，又有意外收获的喜悦心理。花开时节，诗人主动敲园子的柴门，有心欣赏园内盛景，遗憾的是主人不在，正在失望的时候，一抬头，兴奋地发现，一束开得正盛的杏花，越过院墙，立即吸引了诗人的目光，让他兴奋不已。于是"春色满园关不住，一枝红杏出墙来。"丰富意蕴的金句就此诞生。

文件：延伸阅读

练 习

一、仿动态，摹写下列汉字。

不	值	屐	齿	苍	苔	柴	扉	红	杏

二、拍摄"春色满园关不住，一枝红杏出墙来"的画面并配字幕。

三、仿写下列诗句，并请同伴点评。

> 春色满园关不住，
> 一枝红杏出墙来。
> ——叶绍翁

仿写：_____
_____

点评：_____

四、评议"应怜屐齿印苍苔，小扣柴扉久不开"中诗人游园的情绪。

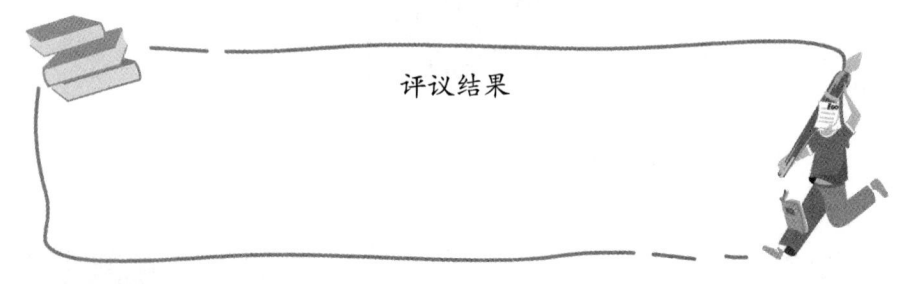

评议结果

五、配乐朗诵叶绍翁的《游园不值》。

正文 43

江南春

（唐）杜牧

千里莺啼绿映红，水村山郭酒旗风。
南朝四百八十寺，多少楼台烟雨中。

Jiāngnánchūn

(Táng) DùMù

Qiānlǐ yīngtí lǜyìnghóng,
shuǐcūn shānguō jiǔqífēng.
Náncháo sìbǎibāshí sì,
duōshǎo lóutái yānyǔzhōng.

音频

【作者介绍】

杜牧（803—852？），字牧之，号樊川居士，京兆万年（今陕西西安）人。唐代杰出的诗人、散文家，诗歌众体兼工。著有《樊川文集》。

【注释】

1. 莺：夜莺，善于歌唱。
2. 山郭：山峦与城郭。山，山峦；郭，外城。
3. 酒旗：酒楼上挂的旗子，酒楼的标识。
4. 南朝：宋、齐、梁、陈合称南朝。几个朝代的君王都崇尚佛教。
5. 楼台：楼台皇室建筑，代皇室。
6. 烟雨：这里指历史。烟，烟尘。雨，雨水。

【现代文翻译】

南朝各代都有广大美丽的山川与辉煌的历史，经济繁荣，歌舞升平，到处是娱乐的酒楼，佛教寺院也不计其数。可惜，一切已都成为过去，一切都消失在历史的烟尘之中。

【诗文解析】

这是一首感怀诗，通过对南朝历史的回顾，诗人感慨繁华的失去，现实的落寞。"千里莺啼绿映红，水村山郭酒旗风""南朝四百八十寺"是南朝的曾有的繁荣。广大的地域，鲜明的色彩，百姓生活滋味浓郁，城市建筑设施完善，但结束语是"多少楼台烟雨中"为诗歌留下了感伤的基调。

文件：延伸阅读

练 习

一、仿动态，摹写下列汉字。

莺	山	郭	酒	旗	南	朝	楼	台	烟	雨

二、品一品"千里莺啼绿映红，水村山郭酒旗风"的意境。

三、仿写下列诗句，并请同伴点评。

> 千里莺啼绿映红，
> 水村山郭酒旗风。
> ——杜牧

仿写：_____

点评：_____

四、议一议"南朝四百八十寺，多少楼台烟雨中"的诗情。

议论结果

五、配乐朗诵杜牧的《江南春》。

乌衣巷

（唐）刘禹锡

朱雀桥边野草花，乌衣巷口夕阳斜。
旧时王谢堂前燕，飞入寻常百姓家。

Wūyīxiàng

(Táng) Liú Yǔxī

Zhūquè qiáobiān yěcǎohuā,
wūyī xiàngkǒu xīyángxiá.
Jiùshí wángxiè tángqiányàn,
fēirù xúncháng bǎixìngjiā.

音频

乌衣巷

【作者介绍】

刘禹锡（772—842），字梦得，洛阳（今属河南）人，唐朝时期文学家、哲学家，有"诗豪"之称。诗文俱佳，与柳宗元并称"刘柳"，与韦应物、白居易合称"三杰"，与白居易合称"刘白"，诗风豪迈。有《刘宾客文集》四十卷。

【注释】

1. 朱雀桥：位于南京市秦淮区，夫子庙秦淮风光带。是六朝时期秦淮河上二十四座浮桥中最大的一座，面对都城正南门朱雀门而得名。
2. 乌衣巷：位于南京市秦淮区，夫子庙秦淮风光带，是中国历史上最悠久最著名的古巷。东晋时王导、谢安两大家族都居住在乌衣巷，人称其子弟为"乌衣郎"。
3. 王谢：指王导、谢安，东晋宰相，世家大族，贤才众多，为六朝（东吴、东晋、宋、齐、梁、陈）巨室。

【现代文翻译】

经过历史的沧桑变化，朱雀桥周边杂草丛生，乌衣巷口夕阳晚照，一片荒芜与衰败的景象。曾经在王导与谢安这些大家族中筑过巢的燕子，如今飞进平常百姓的家里。

【诗文解析】

这首诗是刘禹锡凭吊昔日东晋南京秦淮河上朱雀桥和乌衣巷时的感慨。曾经的繁华鼎盛的地方而今却是野草丛生，荒凉冷清；曾经煊赫（xuān hè）一时的王公贵族的宅邸，已经成为历史的遗迹。诗中的典型意象"朱雀桥""乌衣巷""王谢"是繁华历史的记忆。由此，诗人感慨人生的短暂，岁月的绵长。语言浅显朴素，但寓意深刻。

文件：延伸阅读

练 习

一、仿动态，摹写下列汉字。

朱	雀	桥	乌	衣	巷	王	谢	寻	常

二、拍摄"乌衣巷旅游"并配解说词。

三、仿写下列诗句，并请同伴点评。

> 旧时王谢堂前燕，
> 飞入寻常百姓家。
> ——刘禹锡

仿写：_____
_____

点评：_____

四、议一议"旧时王谢堂前燕，飞入寻常百姓家"中的沧桑变迁。

议论结果

五、配乐朗诵刘禹锡的《乌衣巷》。

题临安邸

（宋）林升

山外青山楼外楼，西湖歌舞几时休？
暖风熏得游人醉，直把杭州作汴州。

Tí Lín'āndǐ

(Sòng) LínShēng

Shānwài qīngshān lóuwàilóu,
xīhú gēwǔ jǐshíxiū?
Nuǎnfēng xūndé yóurénzuì,
zhíbǎ Hángzhōu zuò Biànzhōu.

音频

【作者介绍】

林升，字梦屏，号平山居士，平阳（今属浙江）人，南宋诗人，存诗一首。

【注释】

1. 临安邸：南宋的都城，今浙江省杭州市。金人攻陷北宋首都汴京后，南宋统治者逃亡到南方，建都于临安。邸（dǐ）：旅店。
2. 歌舞：唱歌与跳舞。
3. 熏：和暖。
4. 醉：陶醉。
5. 汴州：河南开封，宋朝的首都。

【现代文翻译】

杭州城，青山重重叠叠、楼台鳞次栉比（lín cì zhì bǐ）。西湖边，人们享受着轻歌曼舞，好不惬意。温和宜人的西湖让游人陶醉。看来游人把杭州当成大宋的都城开封啦。

【诗文解析】

这首诗描述了杭州"山外青山楼外楼"的美丽景色及人们忘情地陶醉在美景中的情态，忘记了金人的入侵，大宋被迫南迁的事实。诗中没有一句正面批评，但是"几时休"的质问，"直把……作"点明错觉，表现了诗人对统治阶层的纵情声色的激愤，对国家命运的忧虑。

文件：延伸阅读

练 习

一、仿动态，摹写下列汉字。

临	安	邸	升	歌	舞	休	熏	醉	汴	州

二、翻译"山外青山楼外楼，西湖歌舞几时休"。

三、仿写下列诗句，并请同伴点评。

> 暖风熏得游人醉，
> 直把杭州作汴州。
> ——林升

仿写：_____

点评：_____

四、评一评"暖风熏得游人醉，直把杭州作汴州"的诗情。

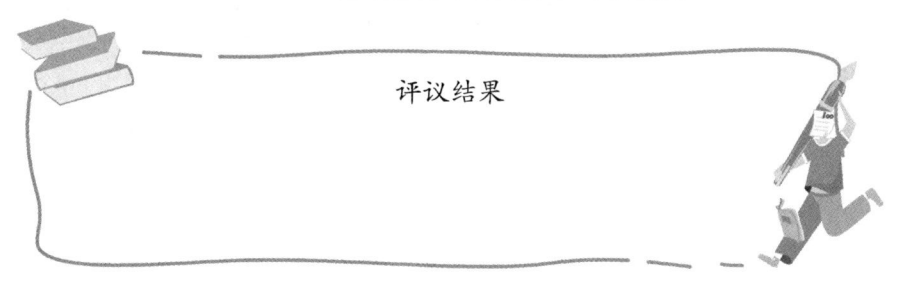

评议结果

五、配乐朗诵林升的《题临安邸》。

菩萨蛮·其二

（唐）韦庄

人人尽说江南好，游人只合江南老。
春水碧于天，画船听雨眠。
垆边人似月，皓腕凝霜雪。
未老莫还乡，还乡须断肠。

Púsàmán • qí'èr

(Táng) WéiZhuāng

Rénrén jìnshuō Jiāngnánhǎo,
yóurén zhǐhé Jiāngnánlǎo.
Chūnshuǐbìyútiān, huàchuán tīngyǔmián.
Lúbiān rénsìyuè, hàowàn níngshuāngxuě.
Wèilǎo mòhuánxiāng, huánxiāng xūduàncháng.

【作者介绍】

韦庄（836？—910），字端己，京兆杜陵（今陕西西安）人。晚唐诗人、词人，语言自然，词风清丽，与温庭筠并称"温韦"。有《浣花集》十卷。

【注释】

1. 菩萨蛮：又名"子夜歌""梅花句"等。本来是唐朝教坊曲，后用为词牌，也用作曲牌。为双调小令，由五七言组成，两句一换韵，共四十四字。
2. 尽说：都说。尽，全部。
3. 只合：本来就应该。只，本来。合，应该。
4. 画船：描有图画的游船。装饰华美的游船。
5. 垆：酒店里安放酒瓮（wèng）的土台子。
6. 皓腕：卖酒女子雪白的手腕。皓，本义是指太阳出来时天地光明的样子。引申为白。

【现代文翻译】

人人都说江南好，旅居的人就该在江南养老。江南的春天景色宜人，水清澈碧绿，比天还清亮。游船华美舒适，适合听着春雨入梦。酒店里卖酒的女子体态婀娜，花容月貌，手腕雪白，如果没有到年老体衰，就不要着急离开江南，回到家乡也一定会对江南的美景和美人念念不忘。

【诗文解析】

词人热情洋溢地赞美了江南迷人的景致，抒发了对江南恋恋不舍的情感。词以江南特色的景与人落笔，主要意象有：碧绿的春水，华美的画船，酒坛及肌肤雪白的美人等。"人人尽说江南好，游人只合江南老"是词人感发的起点，也统领着全篇。

文件：延伸阅读

练 习

✏️ 一、仿动态，摹写下列汉字。

菩	萨	蛮	尽	说	只	合	画	船	垆	皓

📖 二、拍摄江南"春水碧于天，画船听雨眠"的抖音视频。

✏️ 三、仿写下列诗句，并请同伴点评。

> 春水碧于天，
> 画船听雨眠。
> ——韦庄

仿写：_____

点评：_____

💻 四、评议"垆边人似月，皓腕凝霜雪"中的美人形象。

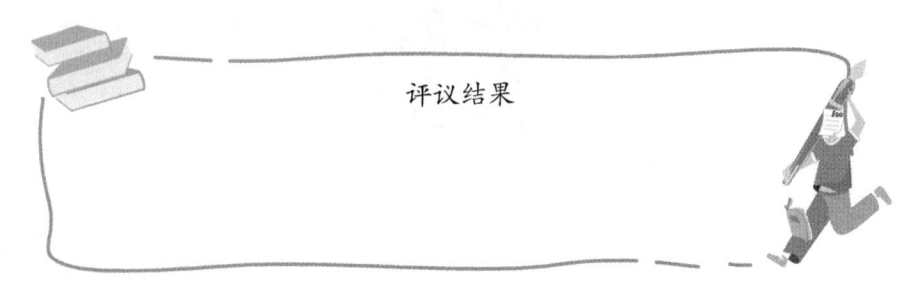

评议结果

🔊 五、配乐朗诵韦庄的《菩萨蛮》。

144

正文 47

过垂虹

（唐）姜夔

自作新词韵最娇，小红低唱我吹箫。
曲终过尽松陵路，回首烟波十四桥。

Guòchuíhóng

(Táng) JiāngKuí

Zìzuò xīncí yùn zuìjiāo,
xiǎohóng dīchàng wǒ chuīxiāo.
Qǔzhōng guòjìn Sōnglínglù,
huíshǒu yānbō shísìqiáo.

音频

【作者介绍】

姜夔（1155？—1209？），字尧章，号白石道人，饶州鄱阳（今江西省鄱阳县）人。南宋文学家、音乐家。作品以清雅含蓄著称。

【注释】

1. 垂虹：吴江县一座著名的桥。
2. 夔：是古代中国神话传说中的一条腿的怪物，光如日月，其声如雷。
3. 低唱：轻柔地歌唱。
4. 箫：古老的汉族吹奏乐器，一般由竹子制成，吹孔在上端。按"音孔"数量区分为六孔箫和八孔箫。音色圆润轻柔，幽静典雅。
5. 松陵：吴江县的别称。

【现代文翻译】

自己写了首新词音韵和谐美妙，心中颇为得意。小红轻柔地歌唱，我吹箫为她伴奏，等演奏结束时吴江的水路也要走完了，回头数数烟波笼罩的桥有14座之多。

【诗文解析】

这首诗描写诗人带着歌伎小红从范成大的别墅回家途中，与小红演唱诗人创作的新词的情景。词人忘我地陶醉于作品构建的美妙世界，回到现实中也是烟波朦胧。诗以素描的手法表达了一种淡淡的喜悦之情。节奏舒缓，风格雅致轻快。

文件：延伸阅读

练 习

一、仿动态，摹写下列汉字。

过	垂	虹	夔	娇	箫	低	唱	松	陵

二、扮演姜夔，讲述《过垂虹》的故事。

三、仿写下列诗句，并请同伴点评。

> 自作新词韵最娇，
> 小红低唱我吹箫。
> ——姜夔

仿写：_____

_____

点评：_____

四、品一品"曲终过尽松陵路，回首烟波十四桥"的意境。

_____

_____

五、配乐朗诵姜夔的《过垂虹》。

江楼感旧

（唐）赵嘏

独上江楼思渺然，月光如水水如天。
同来望月人何处？风景依稀似去年。

Jiānglóu gǎnjiù

(Táng) ZhàoGǔ

Dúshàng jiānglóu sīmiǎorán,
yuèguāng rúshuǐ shuǐrútiān.
Tónglái wàngyuè rénhéchù?
fēngjǐng yīxī sìqùnián.

【作者介绍】

赵嘏（806？—852），字承祐（chéngyòu），楚山山阴（今江苏淮阴）人。唐代诗人，工五言绝句与七言绝句，著有《渭南集》。

【注释】

1. 江楼：江边的小楼。
2. 渺然：辽远而模糊不清。渺，悠远的样子。
3. 风景：光对物的反射显露出来的一种景象。这里指供人观赏的自然风光、景物。
4. 依稀：（印象，记忆）模模糊糊，不分明。

【现代文翻译】

独自登上江边小楼，思绪茫茫。月亮的清辉遍洒江面，江水清亮，水天一色，空旷辽阔。眼前风景如去年一样美好，但一起登楼望月的友人啊，如今你们在何处呢？

【诗文解析】

这是一首思念旧友的七绝，语言淡雅，情味隽永（juànyǒng）。诗人在一个清凉寂静的夜晚独自登上江边的小楼，放眼望去，清澈如水的月光，倾泻在波光荡漾的江面上，景色令人陶醉，联想起与友人去年同游的情景，禁不住有了物是人非的感慨。淡淡的感伤在直白的发问中发散开来。

文件：延伸阅读

练　习

一、仿动态，摹写下列汉字。

江	楼	渺	然	风	景	依	稀

二、描述"独上江楼思渺然，月光如水水如天"的画面。

_____

_____

三、仿写下列诗句，并请同伴点评。

> 同来望月人何在，
> 风景依稀似去年。
> ——赵嘏

仿写：_____

_____

点评：_____

四、写一段思念旧友的文字。

_____

_____

_____

五、配乐朗诵赵嘏的《江楼感旧》。

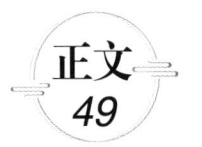

题西林壁

（宋）苏轼

横看成岭侧成峰，远近高低各不同。
不识庐山真面目，只缘身在此山中。

Tí Xīlínbì

(Sòng) SūShì

Héngkàn chénglǐng cè chéngfēng,
yuǎnjìn gāodī gè bùtóng.
Bùshí lúshān zhēnmiànmù,
zhǐyuán shēnzài cǐshānzhōng.

音频

【作者介绍】

苏轼（1037—1101），字子瞻、和仲，号东坡居士，眉州眉山（今属四川）人。北宋著名文学家、书法家、画家等，在诗、词、散文、书、画等方面都取得了很高成就。有《东坡集》四十卷。

【注释】

1. 题：题咏，写作。
2. 西林壁：西林寺的墙壁。西林寺位于庐山的西麓（lù）。
3. 横看：正面看。横，在地理上东西为横。
4. 庐山：位于江西省九江市境内，以"雄""奇""险""秀"闻名于世。
5. 缘：因为。

【现代文翻译】

从正面看，庐山连绵起伏，从侧面看则山峰耸峙。看庐山，从远处，近处，高处，低处看到的景致和形象都不相同，看不清庐山的真正面目，那是因为观赏者站在这座山中的缘故。

【诗文解析】

这是一首哲理诗。诗人以多角度、多侧面观赏庐山时欣赏到千姿百态的庐山美景为例，指出，看待事物，从不同方面看到的是事物的不同特征，所以，只有跳出圈外，客观地整体地看待事物，才能还原事物的本来面目。

文件：延伸阅读

练 习

一、仿动态，摹写下列汉字。

题	西	林	壁	横	看	峰	庐	山	缘

二、观庐山旅游视频，写出庐山"雄""秀""奇""险"的特征。

1、雄：_____

2、秀：_____

3、奇：_____

4、险：_____

三、仿写下列诗句，并请同伴点评。

> 不识庐山真面目，
> 只缘身在此山中。
> ——苏轼

仿写：_____

_____

点评：_____

四、评说"不识庐山真面目，只缘身在此山中"价值。

评议结果

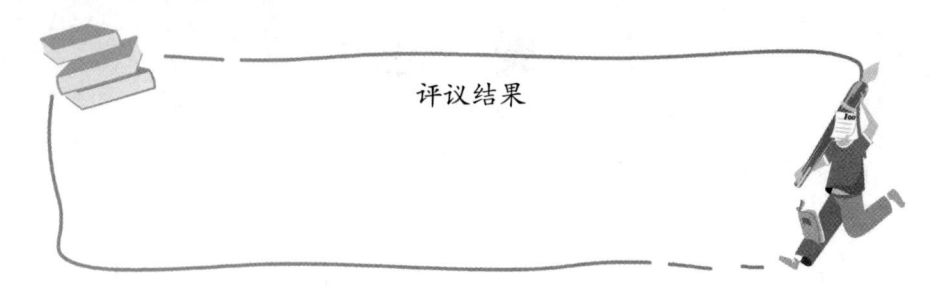

🔊 五、配乐朗诵苏轼的《题西林壁》。

浪淘沙

（唐）刘禹锡

九曲黄河万里沙，浪淘风簸自天涯。
如今直上银河去，同到牵牛织女家。

Làngtáoshā

(Táng) Liú Yǔxī

Jiǔqǔ HuángHé wànlǐshā,
làngtáo fēngbǒ zìtiānyá.
Rújīn zhíshàng yínhéqù,
tóngdào qiānniú zhīnǚjiā.

音频

【作者介绍】

刘禹锡（772—842），字梦得，洛阳（今属河南）人。唐朝时期的文学家、哲学家，诗歌富有张力，有"诗豪"之称。诗文俱佳，与柳宗元并称"刘柳"，与韦应物、白居易合称"三杰"，并与白居易合称"刘白"。有《刘宾客文集》存世。

【注释】

1. 浪淘沙：本为六朝民歌的题目，唐代成为教坊乐曲。
2. 风簸：巨风掀起狂澜（lán）。
3. 银河：指横跨星空的一条乳白色亮带。中国古代又称天河、河汉、银汉、星河、星汉、云汉等。
4. 牵牛织女：牵牛星与织女星。由星名演化出的中国著名爱情故事的主人公。

【现代文翻译】

曲曲弯弯的黄河裹挟（guǒxié）着万里长路的泥沙，波涛滚滚如飓（jù）风自天涯掀起狂澜。现在，让我们沿着黄河之水直寻到银河处，在那里，就可以找到牛郎和织女的家啦。

【诗文解析】

这首诗将现实与神话传说无缝（fèng）对接，具有典型的浪漫色彩且气势如虹。现实中的诗人屡遭贬谪而造福苍生的理想没有改变，虽"黄河九曲万里沙"但决心找到"牵牛织女家"，表现了百折不回的英雄气概。语言通俗易懂，而夸张的笔法使诗歌具有瑰丽神奇的特质。

文件：延伸阅读

练 习

一、仿动态，摹写下列汉字。

浪	淘	沙	风	簸	银	河	牵	牛	织	女

二、拍摄夏季壶口瀑布景观并配诗句"九曲黄河万里沙，浪淘风簸自天涯"。

三、仿写下列诗句，并请同伴点评。

> 九曲黄河万里沙，
> 浪淘风簸自天涯。
> ——刘禹锡

仿写：_____
_____

点评：_____

四、评议"如今直上银河去，同到牵牛织女家"中的诗情。

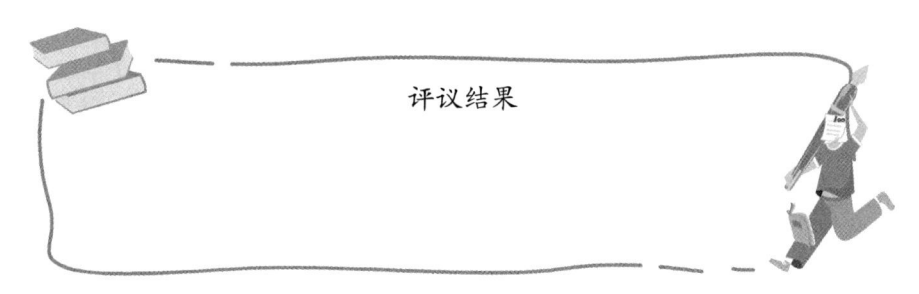

评议结果

五、配乐朗诵刘禹锡的《浪淘沙》。

采莲曲

（唐）王昌龄

荷叶罗裙一色裁，芙蓉向脸两边开。
乱入池中看不见，闻歌始觉有人来。

CǎiLiánqǔ

(Táng) WángChānglíng

Héyèluóqún yísècái,
fúróngxiàngliǎn liǎngbiānkāi.
Luànrùchízhōng kànbújiàn,
wéngēshǐjué yǒurénlái.

音频

【作者介绍】

王昌龄（694？—756？），字少伯，京兆万年（今陕西西安）人，唐朝著名边塞诗人。与李白、高适、王维、王之涣、岑参等诗人交游。其诗歌以七绝见长，著有《王江宁集》六卷。《全唐诗》编入其诗四卷。

【注释】

1. 采莲曲：古曲名。内容多描写江南一带水国风光和采莲女的劳动生活的状态。
2. 罗裙：质地稀疏的丝织品。罗裙，用细软而有疏孔的丝织品制成的裙子。
3. 芙蓉：落叶灌木或小乔木，高 2.5 米，叶子圆卵形、心形，花初为白色、粉红色后来变为深红。
4. 始：才。

【现代文翻译】

采莲女的绿色罗裙和荷叶融在一起，采莲女粉嫩的脸庞与怒放的荷花混在一起，偌大的荷塘中采莲女好像没了踪迹，当动人的歌声响起，才觉察有人来采莲了。

【诗文解析】

这是王昌龄左迁龙标后，独自游玩途中撰写的一首富有江南风光的诗作。在一望无际的荷塘中难得见到采莲女的踪迹，只有歌声响起，诗人在茫然的寻找中，"始觉"有了方向，描绘出采莲女有趣的劳动画面，构筑出一幅清新的江南采莲图。

文件：延伸阅读

练 习

一、仿动态，摹写下列汉字。

采	莲	曲	罗	裙	芙	蓉	始

二、拍摄"荷叶罗裙一色裁，芙蓉向脸两边开"的抖音视频。

三、仿写下列诗句，并请同伴点评。

> 乱入池中看不见，
> 闻歌始觉有人来。
> ——王昌龄

仿写：_____

_____

点评：_____

四、品一品"乱入池中看不见，闻歌始觉有人来"的情趣。

_____

_____

五、配乐朗诵王昌龄的《采莲曲》。

早发白帝城

（唐）李白

朝辞白帝彩云间，千里江陵一日还。
两岸猿声啼不住，轻舟已过万重山。

Zǎofā BáiDìchéng

(Táng) LǐBái

Zháocíbáidì cǎiyúnjiān,
qiānlǐjiānglíng yírìhuán.
Liǎng'ànyuánshēng tíbúzhù,
qīngzhōuyǐguò wànchóngshān.

音频

早发白帝城

【作者介绍】

李白（701—762），字太白，号青莲居士，唐代伟大的浪漫主义诗人，被后人誉为"诗仙"，与杜甫并称为"李杜"。

【注释】

1. 白帝城：位于重庆市奉节县白帝镇，地处长江三峡西端入口。西汉末年公孙述在山上筑城，城中有井常冒白气，宛如白龙，号白帝，城名为白帝城。
2. 朝：早晨。
3. 江陵：隶属湖北省荆州市。江陵历史悠久，楚国连续二十代王在此建都400余年，宫殿台榭遍布江陵全境。自西汉至明，江陵均为王公分封之地。
4. 猿声：长臂猿的叫声。猿，长臂猿，哺乳动物，与猴相似，比猴大，颊（jiá）下没有囊（náng），没有尾巴。
5. 轻舟：船顺江而下，轻盈快捷。轻，轻快。舟，船。

【现代文翻译】

早晨，朝霞满天，我坐船从白帝城出发，到傍晚时分已到达一千二百公里开外的江陵了。一路上不断听到两边山上长臂猿发出的啼叫声，船儿像飞一样轻快，不觉间已穿过了重重大山。

【诗文解析】

758年，李白因永王李璘案，被流放夜郎。759年春，到达白帝城的时候，忽然收到赦免的消息，惊喜交加，随即乘舟东下江陵。所以，《早发白帝城》是李白在759年流放途中遇大赦时，创作的一首诗。诗中"轻舟"与"万重山"相连，反映出白帝城到江陵自然地理状况，同时凸显诗人激动、愉快的心情，真实而有感染力。

文件：延伸阅读

练　习

✏ 一、仿动态，摹写下列汉字。

白	帝	城	朝	江	陵	猿	声	轻	舟

🍎 二、依照"朝辞白帝彩云间，千里江陵一日还"，绘出诗人行踪草图。

✏ 三、仿写下列诗句，并请同伴点评。

> 朝辞白帝彩云间，
> 千里江陵一日还。
> ——李白

仿写：_____

_____

点评：_____

四、评议"两岸猿声啼不住,轻舟已过万重山"诗人的心情。

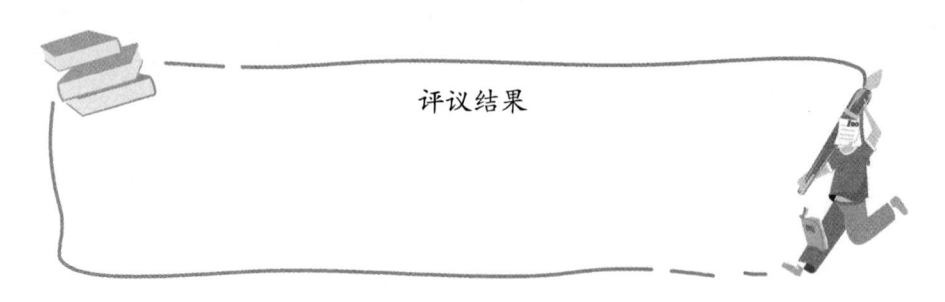

评议结果

五、配乐朗诵李白的《早发白帝城》。

独坐敬亭山

（唐）李白

众鸟高飞尽，孤云独去闲。
相看两不厌，只有敬亭山。

Dúzuò JìngTíngshān

(Táng) LǐBái

Zhòngniǎo gāofēijìn,
gūyún dúqùxián.
Xiāngkàn liǎngbúyàn,
zhǐyǒu jìngtíngshān.

音频

【作者介绍】

李白（701—762），字太白，号青莲居士，唐代伟大的浪漫主义诗人，被后人誉为"诗仙"，与杜甫并称为"李杜"。

【注释】

1. 敬亭山：地名，在现在安徽宣城北。文献记载，"古名昭亭，东临宛、句二水，南俯城闉（yīn），烟市风帆，极目如画。"
2. 孤云：孤，孤单，云，云朵。
3. 闲：没有事情做。这里指自由自在。
4. 厌：嫌弃、厌倦。

【现代文翻译】

群鸟都飞得无影无踪了，连孤单的云彩都飘到想去的地方了。只有敬亭山和我，你看看我，我看看你，我们谁也没有嫌弃谁。

【诗文解析】

在这首诗中，诗人写生命历程中旷世的孤独感。李白离开京城流浪的过程中尝尽了世态炎凉，但依然不改高傲的个性，于是面对敬亭山，表达了人生体验：群鸟飞走了，云朵飘走了，天空中空空荡荡，除了诗人与敬亭山相对外之，世界一片寂静。敬亭山本是安徽宣城的一处观光胜地，但李白无此闲情，笔端流露出自己的处境与性情。

文件：延伸阅读

练 习

一、仿动态，摹写下列汉字。

敬	亭	山	孤	云	闲	厌

二、议一议"众鸟高飞尽，孤云独去闲"对偶艺术。

议论结果

三、仿写下列诗句，并请同伴点评。

相看两不厌，
只有敬亭山。
——李白

仿写：_____
_____
点评：_____

四、品一品"相看两不厌，只有敬亭山"中的孤独心理。

_____

五、配乐朗诵李白的《独坐敬亭山》。

枫桥夜泊

（唐）张继

月落乌啼霜满天，江枫渔火对愁眠。
姑苏城外寒山寺，夜半钟声到客船。

Fēngqiáo yèbó

(Táng) ZhāngJì

Yuèluò wūtí shuāng mǎntiān,
jiāngfēng yúhuǒ duì chóumián.
GūSū Chéngwài HánShānsì,
yèbàn zhōngshēng dào kèchuán.

【作者介绍】

张继（？—779？），字懿孙（yìsūn），襄州（湖北襄阳）人，唐代诗人。诗歌清爽自然，耐人寻味。

【注释】

1. 枫桥：江苏苏州西郊的一座古桥，原名"封桥"。
2. 乌啼：乌鸦啼鸣。
3. 渔火：渔船上的灯火。
4. 姑苏：属于江苏省苏州市，姑苏区是苏州的政治、教育、文化、旅游中心。
5. 寒山寺：位于江苏省苏州市。唐代贞观年间，名僧寒山、希迁两位高僧创建"寒山寺"，在此之前称作"妙利普明塔院"。
6. 夜半钟声：佛寺有半夜敲钟的习惯。叫"无常钟""分夜钟"。

【现代文翻译】

月儿西沉，乌鸦在树枝上发出凄厉（qīlì）的啼叫。秋霜弥漫在空气里，江边的枫叶在秋风中瑟瑟（sè）作响。船上的渔火闪闪烁烁（shuò），愁苦的我，在这凄冷的夜里难以入眠。夜半时分，苏州城外的寒山寺里，隆隆钟声，传到我乘坐的在江边停泊的游船上。

【诗文解析】

全诗笼罩（lǒngzhào）一个着"愁"字。时间是深秋的后半夜，地点是江上客船，人物是离家的游子。由于游船停泊，客子无眠，便将江边的景色纳入眼中，看到"月落""霜满天""江枫""渔火""寒山寺"等；自然或人为的声音传入耳内，有"乌啼"、"钟声"等。动静结合，将诗人的"愁情"写得真切动人。

文件：延伸阅读

练 习

一、仿动态，摹写下列汉字。

枫	桥	乌	啼	渔	火	姑	苏	寒	山	寺

二、翻译"月落乌啼霜满天，江枫渔火对愁眠"。

三、仿写下列诗句，并请同伴点评。

> 姑苏城外寒山寺，
> 夜半钟声到客船。
> ——张继

仿写：_____

点评：_____

四、游历寒山寺，评议《枫桥夜泊》的意境。

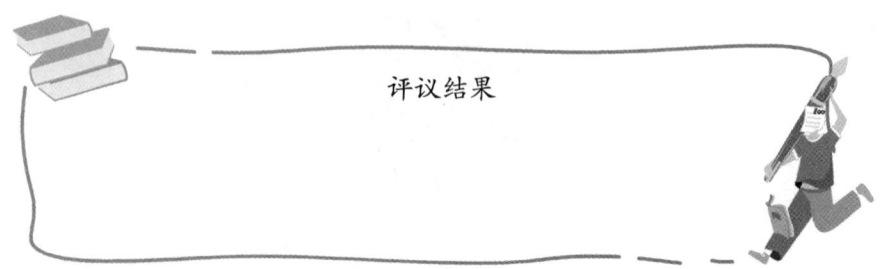

评议结果

五、配乐朗诵张继的《枫桥夜泊》。

正文 55

夜宿山寺

（唐）李白

危楼高百尺，手可摘星辰。
不敢高声语，恐惊天上人。

Yèsù Shānsì

(Táng) LǐBái

Wēilóu gāo bǎichǐ,
shǒu kě zhāi xīngchén.
Bùgǎn gāoshēngyǔ,
kǒngjīng tiānshàngrén.

音频

【作者介绍】

李白（701—762），字太白，号青莲居士，唐代伟大的浪漫主义诗人，被后人誉为"诗仙"，与杜甫并称为"李杜"。

【注释】

1. 宿：过夜，夜里睡觉。
2. 危楼：高楼。危，高耸。
3. 摘：取，一边观察一边取。
4. 星辰：宇宙中星星的总称。

【现代文翻译】

一个宁静的夜晚，我借宿在山中，登上高高的寺院的藏书楼，抬头仰望天空，星斗满天，感觉一伸手就能摘到星星。我不敢大声说话，唯恐惊动了天上的神仙。

【诗文解析】

这首诗歌描写了山寺夏夜澄澈的景观。语言朴素而有童趣。全诗围绕"高"字展开。山寺耸立在高山，山寺的藏书楼楼层最高。天气晴朗，满天星斗，夜晚的能见度高，招惹了诗人的童趣，伸手要摘天上的星星。更有趣的是在人间与天上对话时，诗人突然心生胆怯，刻画出诗人的纯粹与可爱。

文件：延伸阅读

练 习

一、仿动态，摹写下列汉字。

宿	危	楼	摘	星	辰	恐	敢

二、指出描绘山寺"高"的意象。

三、仿写下列诗句，并请同伴点评。

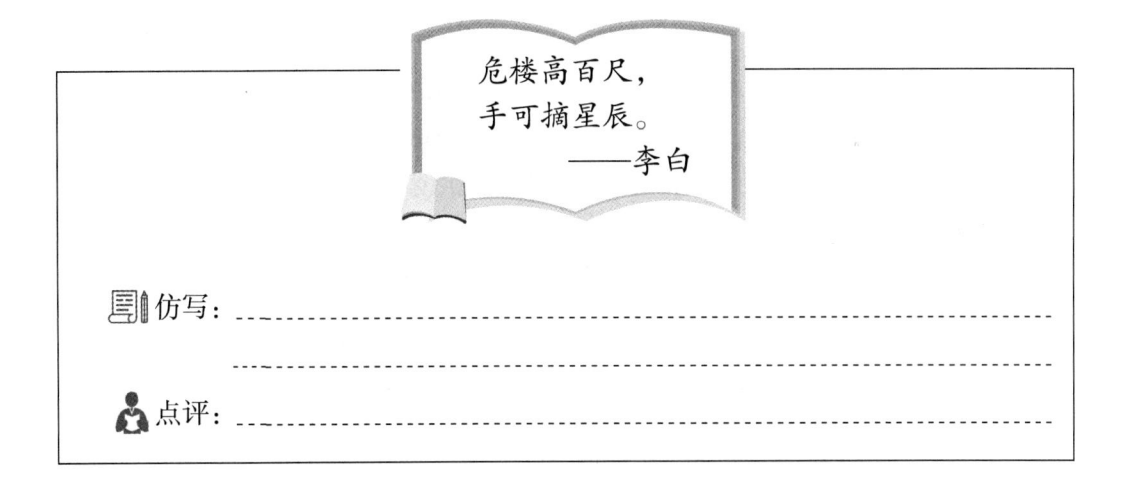

> 危楼高百尺，
> 手可摘星辰。
> ——李白

仿写：_____

点评：_____

四、议一议童真童趣的诗风。

议论结果

五、配乐朗诵李白的《夜宿山寺》。

游山西村

(宋)陆游

莫笑农家腊酒浑,丰年留客足鸡豚。
山重水复疑无路,柳暗花明又一村。
箫鼓追随春社近,衣冠简朴古风存。
从今若许闲乘月,拄杖无时夜叩门。

Yóu ShānXīcūn

(Sòng) LùYóu

Mòxiào nóngjiā làjiǔ hún, fēngnián liúkè zú jītún.
Shānchóng shuǐfù yíwúlù, liǔ'àn huāmíng yòuyìcūn.
Xiāogǔ zhuīsuí chūn shè jìn, yīguān jiǎnpǔ gǔ fēng cún.
Cóngjīn ruòxǔ xián chéngyuè, zhǔzhàng wúshí yè kòumén.

【作者介绍】

陆游（1125—1210），字务观，号放翁，越州山阴（浙江绍兴）人，南宋文学家、诗人，风格多样。有《剑南诗稿》《放翁词》。

【注释】

1. 腊：腊月，是岁末十二月的别称，这个月天气干燥少雨适宜腊制干肉，因此，岁末十二月叫"腊月"。
2. 浑：浊酒。
3. 山重水复：一座座山，一道道水。
4. 柳暗花明：柳树浓绿，鲜花明艳。
5. 箫鼓：吹箫打鼓。
6. 春社：古代立春后，人们拜祭社神和五谷神，祈求丰收。

【现代文翻译】

不要笑话农家腊月酿的酒浑浊不清，丰收的年份鸡肉，猪肉管够。这里的景色实在有特点：翻过一座青山又出现一座，绕过一道河水又出现一道河水，真不知道出路在哪！终于看到浓密的柳树与鲜艳的花朵，一座崭新的村庄出现在眼前。人们吹奏着箫，击打着鼓，春社日就要到了；这里的人穿戴简朴，但很讲究传统的礼数。如果允许，我定当趁着月夜出门，到人家里去聊天。

【诗文解析】

诗人怀着极大的兴趣，描写了山西村环境之神秘与景色之明媚。特别赞赏淳朴的乡风民俗及村民对祭祀谷神的虔诚与执着。诗句"山重水复疑无路，柳暗花明又一村"因在景物描绘中蕴含了人生哲理，从而增加了诗歌的深度。

文件：延伸阅读

练 习

一、仿动态，摹写下列汉字。

腊	浑	丰	箫	鼓	春	社	冠	拄

二、拍摄"箫鼓追随春社近，衣冠简朴古风存"的节日场面。

三、仿写下列诗句，并请同伴点评。

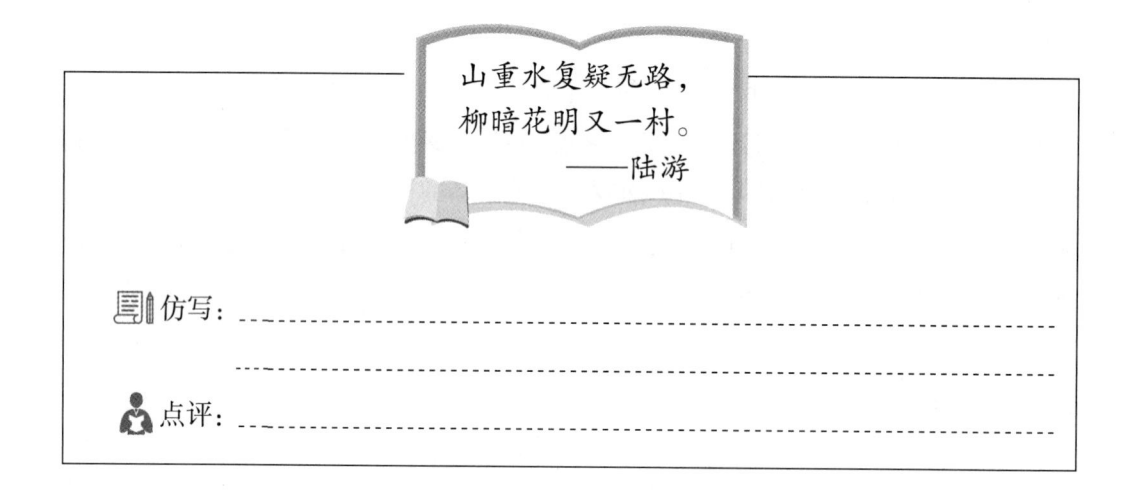

> 山重水复疑无路，
> 柳暗花明又一村。
> ——陆游

仿写：_____

_____

点评：_____

四、议一议"山重水复疑无路，柳暗花明又一村"的思想含义。

议论结果

五、配乐朗诵陆游的《游山西村》。

176

题破山寺后禅院

（唐）常建

清晨入古寺，初日照高林。
曲（竹）径通幽处，禅房花木深。
山光悦鸟性，潭影空人心。
万籁此俱寂，惟（但）余钟磬音。

Tí pòShānSì hòuChánYuàn

(Táng) ChángJiàn

Qīngchén rù gǔsì, chūrì zhào gāolín.
Qū (zhú) jìng tōngyōu chù, chánfáng huāmù shēn.
Shānguāng yuè niǎoxìng, tányǐng kōng rénxīn.
Wànlài cǐ jùjì, wéi (dàn) yú zhōngqìng yīn.

【作者介绍】

常建，可能是陕西西安人，后隐居鄂渚（今湖北）、秦中（今陕西），唐代诗人。多写山林逸趣，田园风光。

【注释】

1. 破山寺：兴福寺，在江苏省常熟市虞（yú）山北。
2. 高林：树木高大，枝叶繁茂。
3. 幽处：幽静的地方。幽，深远、僻（pì）静。
4. 禅房：僧徒尼姑静修居住、讲经诵佛的房屋，泛指寺院。
5. 潭影：潭水清澈，人或物的身影映在潭中。
6. 万籁：自然界万物发出的响声。
7. 钟磬：佛教法器。钟，金属制成的响器，这里指佛寺的挂钟。磬，玉或石制成的礼器，这里指用铜制作的法器。

【现代文翻译】

清晨走进古老的寺院，初升的太阳照耀着郁郁葱葱的山寺。沿着曲曲弯弯的小路向前，只见成片成片的竹林望不到头，各类殿宇都掩映在鲜花与树木之中。山寺及周边美丽的景色让鸟儿快乐地歌唱，深潭融进各种美景的倒影让人内心安宁又干净。此刻世间一切声息都消失了，只有清越的钟磬声在耳畔响起。

【诗文解析】

诗歌描绘了破山寺远离尘世的环境及其影响力。"曲（竹）径通幽处，禅房花木深。"指僧人居住的环境，清静幽深。"山光悦鸟性，潭影空人心"指生活在此处的鸟儿纯粹快乐。"万籁此俱寂，惟（但）余钟磬音"以"钟磬音"衬托山寺的安静。

文件：延伸阅读

练 习

一、仿动态，摹写下列汉字。

高	林	幽	处	禅	房	潭	影	万	籁	钟	磬

二、品一品"山光悦鸟性，潭影空人心"中的禅意。

_____

三、仿写下列诗句，并请同伴点评。

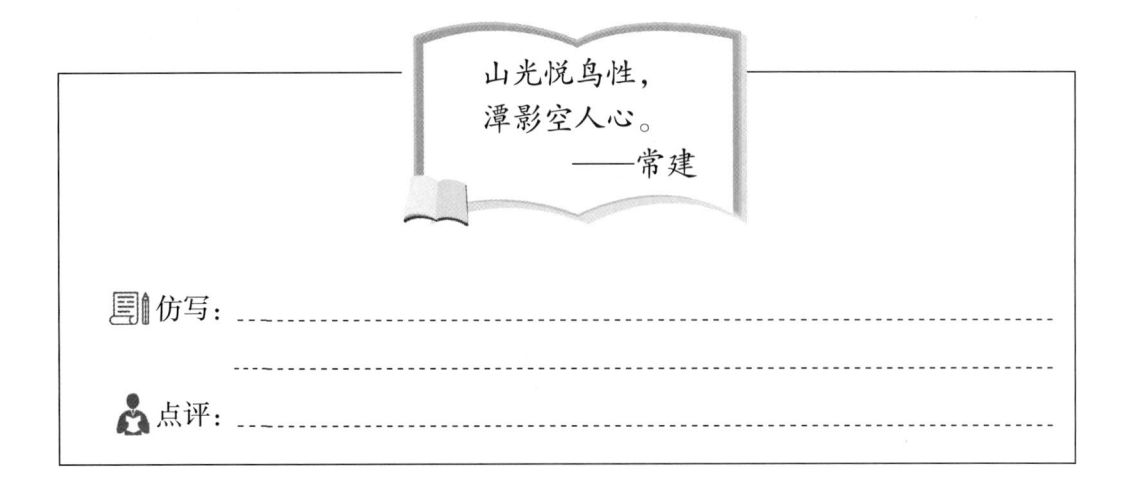

> 山光悦鸟性，
> 潭影空人心。
> ——常建

仿写：_____
_____

点评：_____

四、议一议"竹径通幽处，禅房花木深"中的对偶艺术。

议论结果

五、配乐朗诵王建的《题破山寺后禅院》。

179

渡汉江

（唐）宋之问

岭外音书断，经冬复历春。
近乡情更怯，不敢问来人。

Dù HànJiāng

(Táng) SòngZhīwèn

Lǐngwài yīnshū duàn,
jīngdōng fù lìchūn.
Jìnxiāng qíng gèngqiè,
bùgǎn wèn láirén.

音频

渡汉江

【作者介绍】

宋之问（656？—712），字延清。汾州西河（山西汾阳市）人，一说虢州弘农（河南灵宝）人，唐代宫廷诗人。律诗的奠基人之一

【注释】

1. 汉江：汉水。长江最大支流，源出陕西，经湖北流入长江。
2. 岭外：广州以南的地区，也叫岭南。是流放罪臣的地方。
3. 音书：泛指信息，消息。音，声音，乡音。书，书信。
4. 复：再，又。
5. 怯：胆小，害怕。

【现代文翻译】

从去年的冬天到今年的春天，从曾经过的锦衣玉食的生活转向岭南艰苦的生活不到一年，与家乡的一切联系都中断了，实在是受够了。现在终于要返乡了，听到了乡音格外亲切，但离家乡越近，心里越胆怯，不敢与来人问话。

【诗文解析】

这是宋之问705年被流放岭南后，转年春天遇大赦北归洛阳途中写的一首情真意切的游子归乡诗。语言浅短直白，但因经历了复杂的人生变故，感受过大喜、大悲、庆幸又胆怯等多种心理的变化，增加了诗歌厚度，特别是因接近家乡心生"怯"情的细腻表达，使诗歌顿时产生感人的力量。

文件：延伸阅读

练 习

一、仿动态，摹写下列汉字。

渡	汉	江	岭	外	音	书	复	怯

二、写出中国有名的"江"（不少于四个）。

_____   _____

_____   _____

三、仿写下列诗句，并请同伴点评。

> 近乡情更怯，
> 不敢问来人。
> ——宋之问

仿写：_____

_____

点评：_____

四、讲述一个"近乡情更怯，不敢问来人"的故事。

五、配乐朗诵宋之问的《渡汉江》。

第三章 诉友情

正文 59

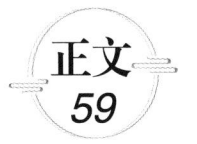

黄鹤楼送孟浩然之广陵

（唐）李白

故人西辞黄鹤楼，烟花三月下扬州。
孤帆远影碧空尽，唯见长江天际流。

Huánghèlóu sòng MèngHàorán zhī guǎnglíng

(Táng) LǐBái

Gùrén xīcí huánghèlóu,
yānhuā sānyuè xià yángzhōu.
Gūfān yuǎnyǐng bì kōngjìn,
wéijiàn chángjiāng tiānjìliú.

音频

【作者介绍】

李白（701—762），字太白，号青莲居士，唐代伟大的浪漫主义诗人，被后人誉为"诗仙"，与杜甫并称为"李杜"。

【注释】

1. 广陵：扬州。在长江与京杭大运河交汇处，经济繁荣。
2. 辞：告别。
3. 烟花：柳絮（xù）如烟，繁花似锦。
4. 扬州：扬州，古称广陵、江都、维扬，在江苏省中部，春秋时已建城。临近长江，景色秀丽。
5. 孤帆：一只船。在诗人眼中只有朋友远行的船帆。帆，指代船只。
6. 唯：只有。
7. 天际：天边。

【现代文翻译】

在柳絮如烟、繁花似锦的阳春三月，朋友孟浩然在黄鹤楼边登上江船，频频向我挥手，要去扬州远游。我看着看着，船儿渐行渐远，影子越来越小了，最后消失在碧蓝碧蓝的天的尽头了，只剩下长江水还在天边缓缓流淌。

【诗文解析】

这是首李白为好友孟浩然送行的诗，表现了诗人对友人恋恋不舍的情意。李白与孟浩然是交游多年的朋友。在美好的春天，孟浩然要远游景色秀丽的历史名城扬州，李白专程送行。诗歌的动人之处是描写了李白目送客船渐行渐远的画面："孤帆远影碧空尽，唯见长江天际流"，船只已经消失在天边，李白目送的身影还在江边伫（zhù）立。诗歌含蓄地表达了朋友之间的深情厚意。

文件：延伸阅读

练 习

一、仿动态，摹写下列汉字。

广	陵	辞	烟	花	扬	州	孤	帆	唯	见

二、扮演李白，讲述送别孟浩然的故事。

三、仿写下列诗句，并请同伴点评。

> 孤帆远影碧空尽，
> 唯见长江天际流。
> ——李白

仿写：_____

点评：_____

四、品一品"孤帆远影碧空尽，唯见长江天际流"的意境。
_____
_____

五、配乐朗诵李白的《黄鹤楼送孟浩然之广陵》。

送元二使安西

（唐）王维

渭城朝雨浥轻尘，客舍青青柳色新。
劝君更尽一杯酒，西出阳关无故人。

Sòng YuánÈr shǐ ānxī

(Táng) WángWéi

Wèichéng zhāoyǔ yì qīngchén,
kèshè qīngqīng liǔsè xīn.
Quànjūn gèngjìn yìbēijiǔ,
xīchū yángguān wúgùrén.

音频

【作者介绍】

王维（701—761，一说 699—761），字摩诘，号摩诘居士，山西运城人，唐朝著名诗人、画家。王维的诗清新淡远，自然脱俗。

【注释】

1. 安西：地名，今天新疆的库车。
2. 渭城：陕西的咸阳。
3. 朝：早晨。
4. 浥：沾湿。
5. 客舍：旅馆。
6. 阳关：敦煌市西南，在唐代是进出国门的关口。

【现代文翻译】

在一个春天的早晨，我要送别元二到安西赴任。刚刚下过一场春雨，环绕客舍的柳树青翠亮眼，空气格外清新。在为元二专设的饯行酒宴上，我说：朋友，来来来，再把这杯喝干吧，此后，你一路向西，出了阳关我们就很难再见面了。

【诗文解析】

这首诗是表达朋友依依惜别的情意的。中国人有无酒不成席的惯例，接送朋友都要摆酒宴以示重视。这首诗令人动容之处是"劝君更尽一杯酒，西出阳关无故人"。全诗先用春雨、杨柳、客舍等意象营造离别的背景，再以几个重要的地点名词表明朋友相距之遥，分别后相见之难，进而以劝酒的方式使诗情更加浓烈，彼此珍重的友情跃然纸上。足见诗歌表达的情感真挚，友情深厚。

文件：延伸阅读

练 习

一、仿动态，摹写下列汉字。

安	西	渭	城	朝	浥	客	舍	阳	关

二、画出从"渭城"一路向西到"安西"的草图。

三、仿写下列诗句，并请同伴点评。

劝君更尽一杯酒，
西出阳关无故人。
——王维

仿写：

点评：

四、评一评"劝君更进一杯酒，西出阳关无故人"的朋友之谊。

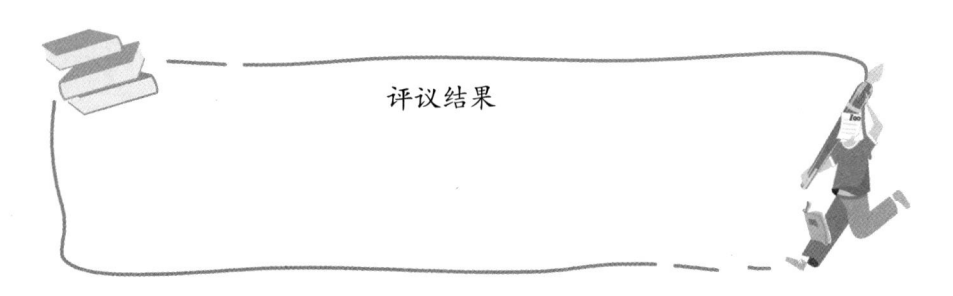

评议结果

五、配乐朗诵王维的《送元二使安西》。

芙蓉楼送辛渐

（唐）王昌龄

寒雨连江夜入吴，平明送客楚山孤。
洛阳亲友如相问，一片冰心在玉壶。

Fúrónglóu sòng XīnJiàn

(Táng) WángChānglíng

Hányǔ liánjiāng yèrùwú,
píngmíng sòngkè chǔshāngū.
Luòyáng qīnyǒu rúxiāngwèn,
yípiàn bīngxīn zàiyùhú.

音频

【作者介绍】

王昌龄（698—757），字少伯，唐朝，著名诗人。王昌龄与李白、高适、王维、王之涣、岑参等人交往深厚。诗以七绝见长，尤以边塞诗最为著名。

【注释】

1. 芙蓉楼：建筑名，这里指以花命名的酒楼。芙蓉，花名开在春天，色彩艳丽。
2. 辛渐：人名。
3. 平明：天刚刚亮。
4. 楚山：山名。
5. 玉壶：玉质的茶壶。这里指诗人精神世界纯粹高尚。

【现代文翻译】

秋雨连绵，寒意渐近，夜晚时分更是清冷。天刚蒙蒙亮，朋友要登船离岸，留下我孤零零地在楚山的这边。朋友分别，没有什么可交代的，只是一样，如果回到洛阳，有朋友问起我，麻烦告知他们，我的人生干干净净，如同一把无瑕的玉壶晶莹剔透（jīngyíngtītòu）。

【诗文解析】

这是王昌龄借送别朋友的机会，向朋友评价自我的一首诗。诗句"一片冰心在玉壶"传播久远。中国人做人讲究诚信自觉，做事注重实实在在。王昌龄在受人诬陷之后，依然对自己抱有信心，所以在送朋友远行时，说自己"一片冰心在玉壶"，强调自己做人有原则和节操。

文件：延伸阅读

练 习

一、仿动态，摹写下列汉字。

芙	蓉	辛	渐	平	明	楚	山	玉	壶

二、扮演王昌龄，讲述在芙蓉楼送辛渐的故事。

三、仿写下列诗句，并请同伴点评。

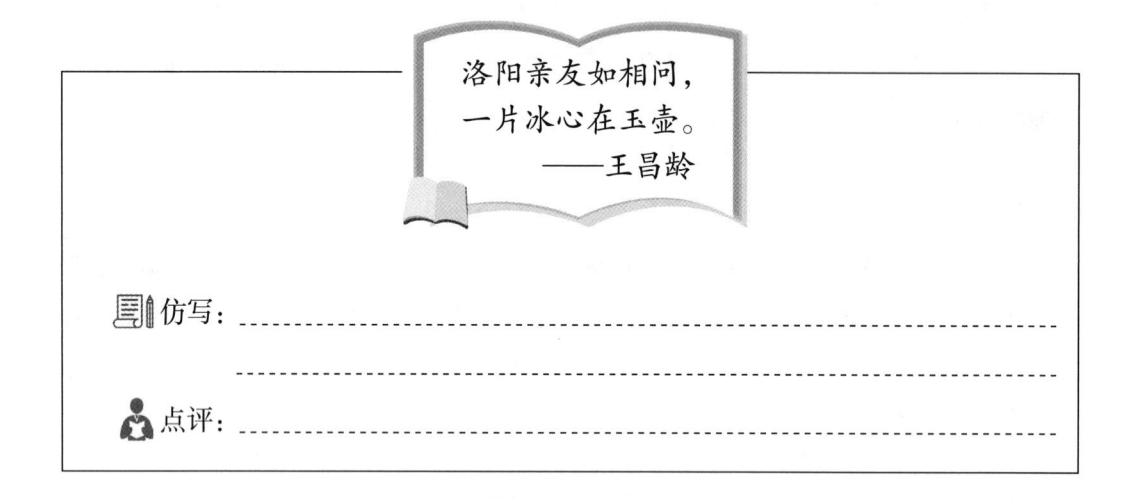

> 洛阳亲友如相问，
> 一片冰心在玉壶。
> ——王昌龄

仿写：_____

点评：_____

四、议一议"洛阳亲友如相问，一片冰心在玉壶"中"冰心""玉壶"的意象。

议论结果

五、配乐朗诵王昌龄的《芙蓉楼送辛渐》。

送朱大入秦

（唐）孟浩然

游人五陵去，宝剑值千金。
分手脱相赠，平生一片心。

Sòng ZhūDà rùqín

(Táng) MèngHàorán

Yóurén wǔlíng qù,
bǎojiàn zhíqiānjīn.
Fēnshǒu tuō xiāngzèng,
píngshēng yípiànxīn.

音频

【作者介绍】

　　孟浩然（689—740），字浩然，号孟山人，襄州襄阳（今湖北襄阳）人，唐代著名山水诗人，以五言古诗见长，与王维并称"王孟"。有《孟浩然集》四卷传世。

【注释】

1. 五陵：汉代五陵指的是汉朝的五个皇帝的陵墓。五陵的位置大体在距离长安城约四十公里处，今西安市西北。五陵也叫五陵原，因原高土厚，地势开阔，自然风光绝佳，成为后代人旅游揽胜的地方。
2. 宝剑：稀有珍贵的剑。
3. 相赠：把……赠与对方。

【现代文翻译】

　　远游的朋友要去五陵，我想到手中有把陪伴我多年的珍贵宝剑，于是捧着宝剑敬赠朋友，只要他看见宝剑，就一定会看到我对朋友的一片真心。

【诗文解析】

　　诗歌语言直接朴素。先指出朋友将远游的地点，随后解下随身佩戴的宝剑赠与朋友。"宝剑值千金"从礼物的贵重程度，反映了朋友交情之深。"平生一片心"就是对朋友的深情告白。

文件：延伸阅读

练 习

一、仿动态，摹写下列汉字。

五	陵	宝	剑	脱	相	赠

二、解释"武陵"与"宝剑"的文化含义。
_____

三、仿写下列诗句，并请同伴点评。

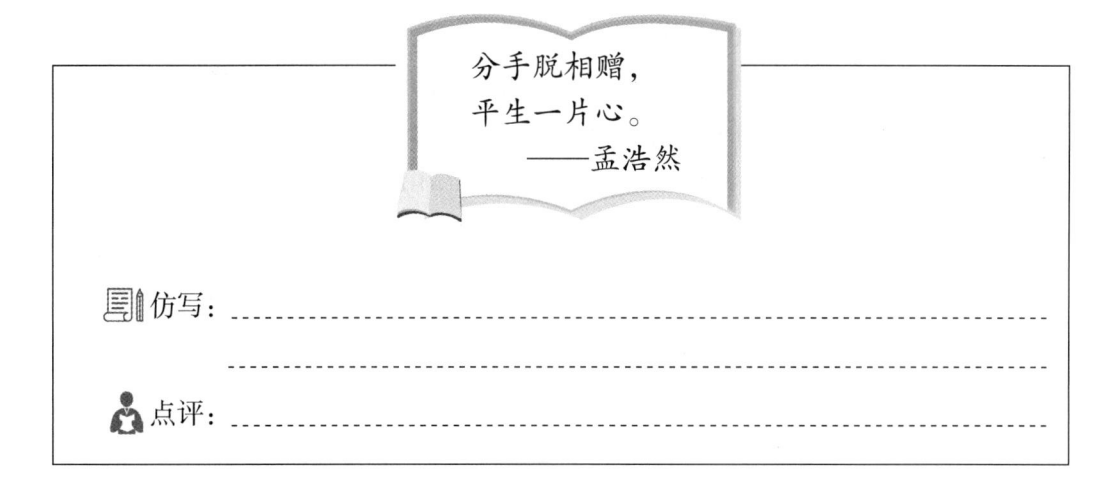

> 分手脱相赠，
> 平生一片心。
> ——孟浩然

仿写：_____
_____

点评：_____

四、议一议"分手脱相赠，平生一片心"的情谊。

议论结果

五、配乐朗诵孟浩然的《送朱大入秦》。

送友人

（唐）李白

青山横北郭，白水绕东城。
此地一为别，孤蓬万里征。
浮云游子意，落日故人情。
挥手自兹去，萧萧班马鸣。

Sòng yǒurén

(Táng) LǐBái

Qīngshān héng běiguō, báishuǐ rào dōngchéng.
Cǐdì yìwéibié, gūpéng wànlǐzhēng.
Fúyún yóuzǐyì, luòrì gùrénqíng.
Huīshǒu zìzīqù, xiāoxiāo bānmǎmíng.

【作者介绍】

李白（701—762），字太白，号青莲居士，又号"谪仙人"，唐代伟大的浪漫主义诗人，被后人誉为"诗仙"，与杜甫并称为"李杜"。创造了古代浪漫主义文学的高峰，歌行体和七绝达到后人难及的高度。有《李太白集》传世。

【注释】

1. 横：横卧，指山脉连绵不断。
2. 绕：迂回绕过，指水流淌的态势。
3. 孤蓬：指一个人无依无靠。孤，独自。蓬，蓬草，随风飘荡的野草。
4. 兹：这里。
5. 萧萧：马嘶鸣时的声音。
6. 班马：班，分别。班马，分别的马。

【现代文翻译】

我送别友人的时候，只见远处的青山横卧在城郭的北面，身边的河水正向东城缓缓流去。想到我们在此分别后，你就要独自去万里之外谋求发展了，心中有些不舍。仰望天空看那飘浮的白云，不就是游子漂泊不定的生活吗？看看夕阳西下的情景，正是朋友间恋恋不舍的情绪呀。哎！分别总是难免的，挥挥手，道声再见，连马儿都发出感伤的哀鸣。

【诗文解析】

这首诗歌是李白送别友人时的所闻、所见与所感。诗人用四十个字将读者完全带入特定的环境中，天、地、山、川、人、物及人物的心情通通囊括（nángkuò）。特别是将天地之间的人的即时态势，勾勒得清晰可辨。"浮云游子意，落日故人情"将中国人的朋友间的深情厚谊，写得硕大无比，又触手可及。"挥手自兹去，萧萧班马鸣"人、物情感相连，行文洒脱自由，感发人意。

文件：延伸阅读

练 习

一、仿动态，摹写下列汉字。

横	绕	孤	蓬	浮	云	情	兹	萧	班

二、议一议"挥手自兹别，萧萧班马鸣"中"班马鸣"烘托价值。

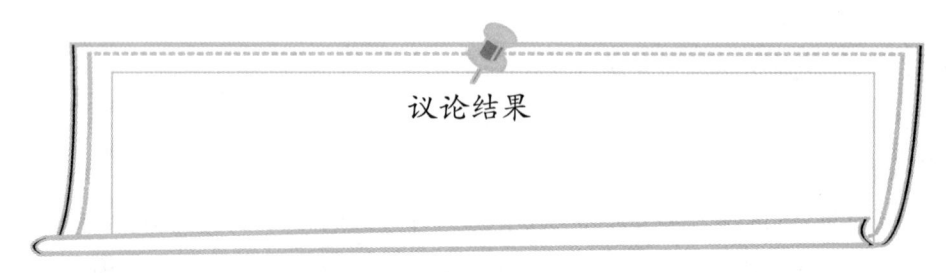

议论结果

三、仿写下列诗句，并请同伴点评。

> 此地一为别，
> 孤蓬万里征。
> ——李白

仿写：_____

_____

点评：_____

四、品一品"浮云游子意，落日故人情"的意境。

_____

五、配乐朗诵李白的《送友人》。

200

赠汪伦

（唐）李白

李白乘舟将欲行，忽闻岸上踏歌声。
桃花潭水深千尺，不及汪伦送我情。

Zèng WāngLún

(Táng) LǐBái

LǐBáichéngzhōu jiāngyùxíng,
hūwén ànshàng tàgēshēng.
Táohuātánshuǐ shēnqiānchǐ,
bùjí WāngLún sòngwǒqíng.

音频

【作者介绍】

李白（701—762），字太白，号青莲居士，又号"谪仙人"，唐代伟大的浪漫主义诗人，被后人誉为"诗仙"，与杜甫并称为"李杜"。创造了古代浪漫主义文学高峰。歌行体和七绝达到后人难及的高度。有《李太白集》传世。

【注释】

1. 赠：送给。
2. 乘舟：登船，上船。
3. 欲：想要。
4. 忽闻：忽，忽然。闻，听到。
5. 踏歌：唐代民间流行的一种手拉手、两足踏地为节拍的歌舞形式，可以边走边唱。
6. 桃花潭：水潭名。在安徽省泾县。

【现代文翻译】

李白登上船准备出发，忽然听到岸上载歌载舞，热闹非凡，原来是汪伦专程来送我。想想在桃花潭与汪伦一起快乐的旅行，不由对汪伦深情款待心生感激。据说桃花潭的水深达千尺，但在我看来比不上汪伦对我的情谊深厚。

【诗文解析】

诗歌主要描写李白访友将要结束时的景与情。景是水上李白即将登船离岸，岸上人们则载歌载舞，"李白乘舟将欲行，忽闻岸上踏歌声"。情是李白与汪伦两厢依依惜别。李白率直地评价了汪伦陪伴自己桃花潭之行的忠厚与热忱，"桃花潭水深千尺，不及汪伦送我情"。诗歌以夸张的手法，将桃花潭的深度与友情的深度做比，使得友情清晰可见。

文件：延伸阅读

练 习

一、仿动态，摹写下列汉字。

赠	乘	舟	欲	忽	闻	踏	歌	桃	花	潭

二、解释"李白乘舟将欲行，忽闻岸上踏歌声"中"踏歌"的文化含义。

三、仿写下列诗句，并请同伴点评。

> 桃花潭水深千尺，
> 不及汪伦送我情。
> ——李白

仿写：_____

点评：_____

四、评一评"桃花潭水深千尺，不及汪伦送我情"不相类比较的艺术之妙。

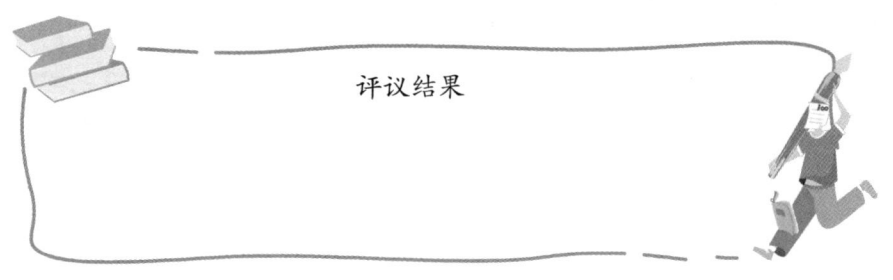

评议结果

五、配乐朗诵李白的《赠汪伦》。

别董大二首·其一

（唐）高适

千里黄云白日曛，北风吹雁雪纷纷。
莫愁前路无知己，天下谁人不识君。

Biédǒngdà èrshǒu · qíyī

(Táng) Gāo Shì

Qiānlǐ huángyún báirìxūn,
běifēng chuīyàn xuěfēnfēn.
Mòchóu qiánlù wúzhījǐ,
tiānxià shuírén bùshíjūn.

音频

【作者介绍】

高适（700？—765），字达夫，渤海蓨县（今河北景县）人，唐朝边塞诗人，擅长歌行，风格刚劲。与岑参、王昌龄、王之涣合称"边塞四诗人"，著有《高常侍集》十卷。

【注释】

1. 曛：昏暗，太阳黯淡无光。
2. 雁：大型游禽，善于飞行。每年春分后飞回北方的西伯利亚一带，秋分后又飞往南方。在水边用芦苇和水草筑巢，雁群南飞时，老雁做头雁常排成"人"字队形或"一"字队形，利用上升气流在空中滑翔。
3. 莫愁：不要发愁。莫，不要。愁，忧也。
4. 知己：彼此熟悉、欣赏、情意深切的人。

【现代文翻译】

我们分别的时候，天空黯淡无光，雪花纷纷扬扬、漫天飞舞，寒冷的北风狂卷肆虐（sìnüè），大雁正向温暖的南方飞去。我们去哪？在漫漫人生路上前行多像寒风中的大雁。但我以为，只要你有才干，就不要发愁前进路上没有人赞赏你，到那时，天下人都会赞美你！

【诗文解析】

诗歌先描写昏暗的天空、肆虐的北风和飘落的雪花，从视觉和感觉上营造了寒冷得令人畏惧的气氛。然后，笔锋一转，诗人以昂扬的斗志，表明自己在逆境中的积极态度："莫愁前路无知己，天下谁人不识君"。这种先抑后扬的写法，将人物自信的形象烘托出来。诗歌的动人之处正是逆境中的豪迈的气度。这一气度具有普遍的激励意义。

文件：延伸阅读

练 习

一、仿动态，摹写下列汉字。

别	嚁	雁	莫	愁	知	己	君

二、扮演高适，讲述与董大分别的故事。

三、仿写下列诗句，并请同伴点评。

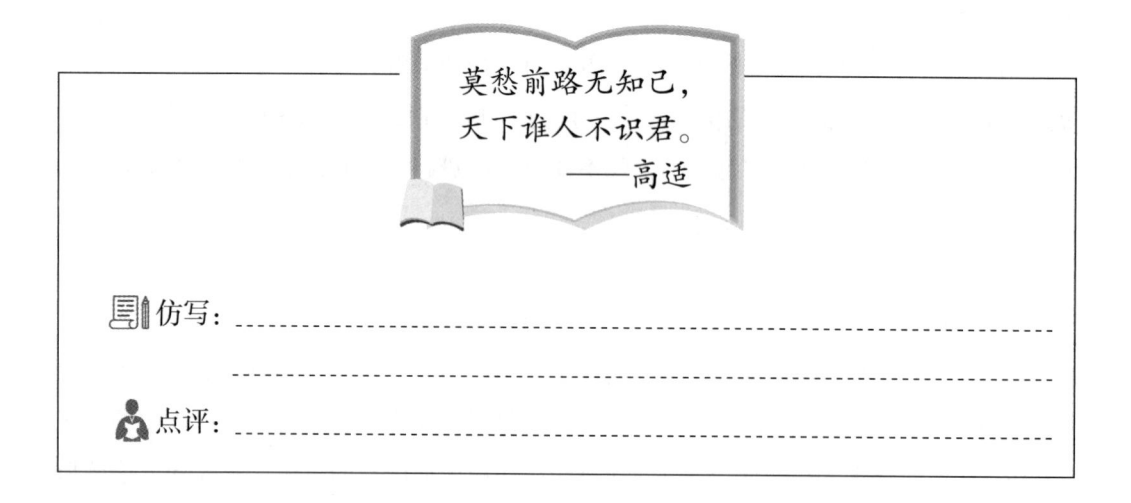

> 莫愁前路无知己，
> 天下谁人不识君。
> ——高适

仿写：_____

点评：_____

四、议一议"莫愁前路无知己，天下谁人不识君"的普适价值。

议论结果

五、配乐朗诵高适的《别董大》。

正文 66

逢入京使

（唐）岑参

故园东望路漫漫，双袖龙钟泪不干。
马上相逢无纸笔，凭君传语报平安。

Féng Rùjīngshǐ

(Táng) CénShēn

Gùyuán dōngwàng lùmànmàn,
shuāngxiù lóngzhōng lèibùgān.
Mǎshàng xiāngféng wúzhǐbǐ,
píngjūn chuányǔ bàopíng'ān.

音频

【作者介绍】

岑参（717—770，一说715—769），荆州江陵（今湖北荆州）人，唐代诗人。两次赴河西，对边塞风光，军旅生活，以及异域的文化风俗有亲切的感受。岑参长于七言歌行，边塞诗气势豪迈。与高适并称"高岑"，有《岑嘉州诗集》传世。

【注释】

1. 故园：家乡。
2. 龙钟：沾湿的样子。
3. 相逢：相互遇上，偶然碰上。
4. 凭：依靠。

【现代文翻译】

（岑参）在离长安（今西安）千里之遥的安西，巧遇回长安述职的熟人，聊起工作状况来实在惭愧，向东远望着想念的家园，难免泪水涟涟，哎！我这临时没有备纸和笔，写家书已不可能，麻烦您回去给我家里人传个口信，就说我挺好的！

【诗文解析】

诗歌截取了岑参工作生活中的片段，真实反映了思念亲人但无建树，内心复杂却难于表达的人生境遇。明明"双袖龙钟泪不干"，却只能"凭君传语报平安"这种用善意的谎言安慰亲人的做法，在离家打拼事业的人身上普遍存在，所以诗歌具有强烈的感发意义。"凭君传语报平安"成为诗中的点睛之笔。

文件：延伸阅读

练 习

一、仿动态，摹写下列汉字。

故	园	漫	龙	钟	相	逢	凭

二、扮演岑参，讲述《逢入京使》的故事。

三、仿写下列诗句，并请同伴点评。

> 马上相逢无纸笔，
> 凭君传语报平安。
> ——岑参

仿写：_____

_____

点评：_____

四、品一品"马上相逢无纸笔，凭君传语报平安"中的情绪状态。

_____

_____

五、配乐朗诵岑参的《逢入京使》。

相 思

（唐）王维

红豆生南国，春来发几枝。
愿君多采撷，此物最相思。

Xiāng sī

(Táng) Wáng Wéi

Hóngdòu shēng nánguó,
chūnlái fā jǐzhī.
Yuànjūn duō cǎixié,
cǐwù zuì xiāngsī.

音频

【作者介绍】

王维（701-761），字摩诘（mójié），号摩诘居士。河东蒲州（今山西运城）人。唐朝诗人、画家。诗歌特别擅长五言，多歌咏山水田园，与孟浩然合称"王孟"。现存诗歌约400首。

【注释】

1. 南国：古称南方诸侯国。这里泛称中国南方。
2. 红豆：产于中国台湾、广东、广西、云南等热带地区的山地疏林中。藤本植物，种子椭圆形，平滑有光泽，上部约三分之二为鲜红色，下部三分之一为黑色。
3. 采撷：采集，摘取。采，摘取，选取。撷，摘下，取下。

【现代文翻译】

红豆这种植物生长在长江以南的地方，春天的时候萌发，生枝展叶。果实的颜色红艳艳的，样子是心脏的形状，希望您多多采摘，看见了它就等于看见了相互思念的人。

【诗文解析】

中国诗歌有借写物抒发人情的传统，这首诗歌正是借助红豆这种植物特有的色泽和形状来表达对思念的人缱绻（qiǎn quǎn）绵长的情意。诗歌的奇妙之处在于本来表达的是自己不肯割舍的情感，却把情思推向对方，劝对方多采集红豆以想起自己。"愿君多采撷，此物最相思"可见语言的含蓄，情意的婉转。

文件：延伸阅读

练 习

一、仿动态，摹写下列汉字。

红	豆	生	君	采	撷	物	相	思

二、解释"红豆"的文化含义。

三、仿写下列诗句，并请同伴点评。

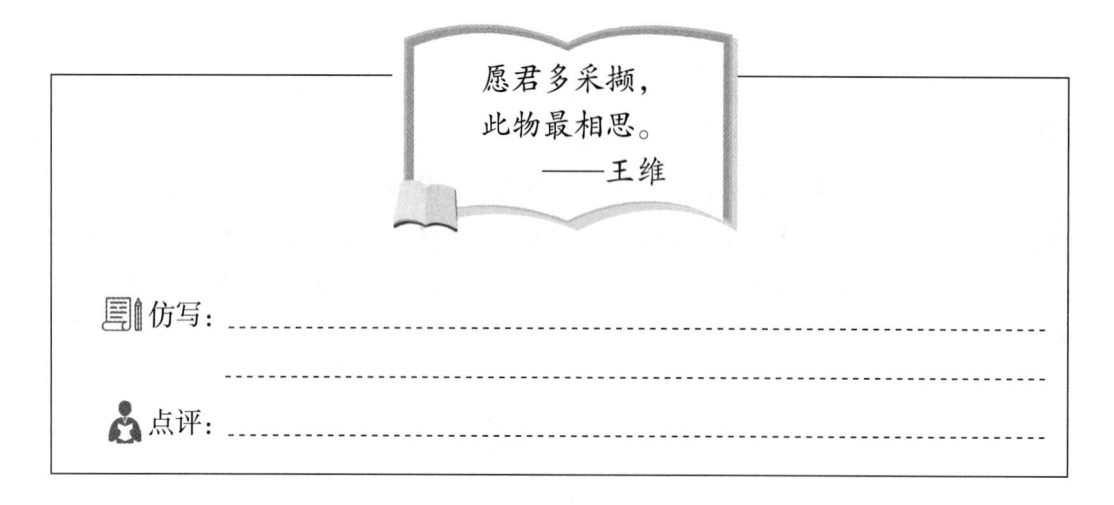

> 愿君多采撷，
> 此物最相思。
> ——王维

仿写：_____

点评：_____

四、议一议"愿君多采撷，此物最相思"的思情表达之妙。

议论结果

五、配乐朗诵王维的《相思》。

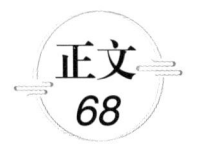

闻王昌龄左迁龙标遥有此寄

（唐）李白

杨花落尽子规啼，闻道龙标过五溪。
我寄愁心与明月，随君直到夜郎西。

Wén Wángchānglíng zuǒqiān Lóngbiāo yáoyǒucǐjì

(Táng) LǐBái

Yánghuā luòjìn zǐguītí,
wéndào lóngbiāo guò wǔxī.
Wǒ jì chóuxīn yǔ míngyuè,
suíjūn zhídào yèlángxī.

音频

【作者介绍】

李白（701—762），字太白，号青莲居士，又号"谪仙人"，唐代伟大的浪漫主义诗人，被后人誉为"诗仙"，与杜甫并称为"李杜"。创造了古代浪漫主义文学高峰，歌行体和七绝达到后人难及的高度。有《李太白集》传世。

【注释】

1. 左迁：降职。
2. 杨花：柳絮。
3. 子规：杜鹃鸟，在叫的时候会出血。
4. 龙标：地名，今湖南黔阳西南。
5. 五溪：地名，在湖南以西贵州以东。
6. 夜郎西：地名，唐朝夜郎县在贵州。这里泛指西南边地。

【现代文翻译】

在初夏五月，柳絮放花结束，子规啼叫的时候，听说你被贬到偏远的龙标做县尉去了。龙标这个地方要经过五溪，太遥远了。我把思念和惆怅的心情托付给明月，让清风带去我对夜郎以西的你最真挚的问候吧。

【诗文解析】

李白听到好友王昌龄因直言而遭降职处分被外放到龙标的事，十分忧心，于是用诗歌慰问友人。诗歌构思巧妙，感情表达自然真挚。朋友相距遥远，问候一时难以送达，诗人就设想把问候交给清风和明月，这样就为内心提供了一条可视的通道，让难于观察的情谊得到外化。

文件：延伸阅读

练 习

✏️ 一、仿动态，摹写下列汉字。

左	迁	杨	子	规	龙	标	五	溪	夜	郎

📖 二、解释"五溪"的含义。

_____

✏️ 三、仿写下列诗句，并请同伴点评。

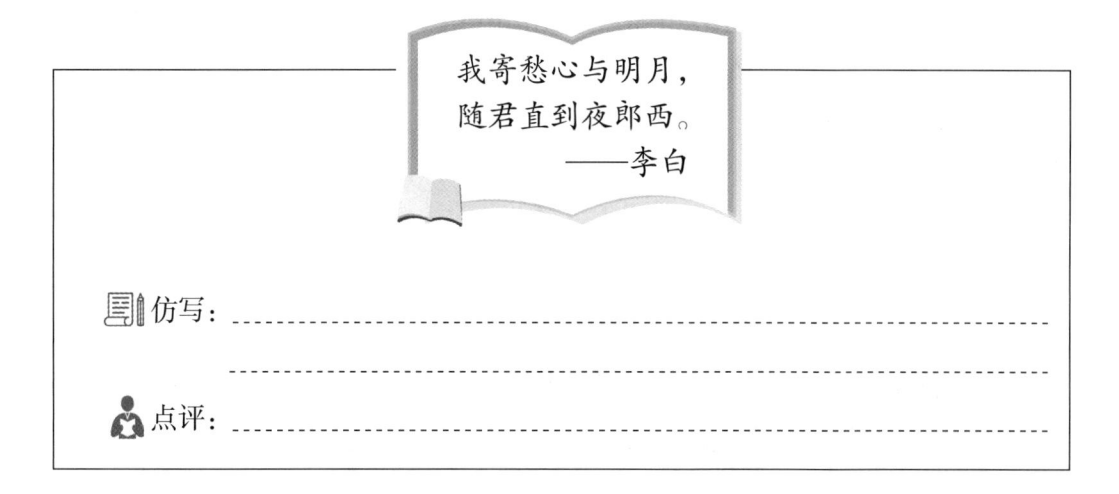

> 我寄愁心与明月，
> 随君直到夜郎西。
> ——李白

仿写：_____

_____

点评：_____

💬 四、议一议"我寄愁心与明月，随君直到夜郎西"的诗情。

议论结果

🔊 五、配乐朗诵李白的《闻王昌龄左迁龙标遥有此寄》。

215

寄扬州韩绰判官

（唐）杜牧

青山隐隐水迢迢，秋尽江南草未凋。
二十四桥明月夜，玉人何处教吹箫？

Jì Yángzhōu Hánchuò Pànguān

(Táng) DùMù

Qīngshān yǐnyǐn shuǐtiáotiáo,
qiūjìn Jiāngnán cǎowèidiāo.
Èrshísìqiáo míngyuèyè,
yùrén héchù jiāochuīxiāo?

音频

【作者介绍】

杜牧（803—852？），字牧之，号樊川居士，京兆万年（今陕西西安）人。唐代杰出的诗人、散文家，诗歌众体兼工。著有《樊川文集》。

【注释】

1. 隐隐：（江南山脉）逶迤连绵的样子。
2. 迢迢：久长。这里指江南水乡的水绵长的样子。
3. 凋：衰败枯萎。
4. 二十四桥：扬州名胜，一说扬州城有二十四座桥。一说吴家砖桥有二十四位美女吹箫于桥上。
5. 玉人：风流俊美的才子。

【现代文翻译】

江南的景致令人向往，青山逶迤，隐于天际，绿水绵长轻轻荡漾，深秋时节江南依然绿草如茵没有衰败枯萎，更何况，在扬州城，在朗月下，在二十四桥揽胜赏景的去处。韩兄，你这是在哪座桥上教歌伎们吹箫呢？

【诗文解析】

这首诗以戏谑（xìxuè）的口吻表达了对远方旧友的问候。诗人曾在扬州工作，江南的美景一直印在头脑之中。在秋季，北方百木凋落的时候，南方依然山清水秀，诗人以"二十四桥明月夜，玉人何处教吹箫？"的诗句，问候老友是否一如既往在充满诗意的扬州过着诗意的生活。诗人巧用典故，将美景与美人融为一体，表现了诗人对江南美好事物的向往，也在调侃（tiáokǎn）老友中体现出彼此关系的亲密。

文件：延伸阅读

练 习

一、仿动态，摹写下列汉字。

判	隐	迢	江	南	凋	玉	教

二、拍摄江南秋景"青山隐隐水迢迢，秋尽江南草未凋"景象并配解说词。

三、仿写下列诗句，并请同伴点评。

> 青山隐隐水迢迢，
> 秋尽江南草未凋。
> ——杜牧

仿写：_____

点评：_____

四、议一议"二十四桥明月夜，玉人何处教吹箫"的文化含义。

议论结果

五、配乐朗诵杜牧的《寄扬州韩绰判官》。

易水送别

（唐）骆宾王

此地别燕丹，壮士发冲冠。
昔时人已没，今日水犹寒。

Yìshuǐ Sòngbié

(Táng) LuòBīnwáng

Cǐdì bié yāndān,
zhuàngshì fà chōngguān.
Xīshí rén yǐmò,
jīnrì shuǐ yóuhán.

音频

易水送别 骆宾王

【作者介绍】

骆宾王（627？—684？），字观光，浙江义乌人。唐代诗人，七言歌行与五律都很有名，与王勃、杨炯、卢照邻合称"初唐四杰"，有《骆宾王文集》传世。

【注释】

1. 易水：河流名，在河北省西北，发源于易县。
2. 燕丹：燕国太子，名丹。
3. 壮士：意气豪壮而勇敢的人，这里指荆轲。
4. 冲冠：头发上指把帽子冲起。指极为愤怒。
5. 没：消失。
6. 犹：还是。

【现代文翻译】

荆轲就是在易水边与战国时期燕国太子丹诀别的，诀别时壮士怒发冲冠，发誓不刺杀秦王绝不回还。昔日的英雄已然长逝了，今天的易水依然是寒冷的。

【诗文解析】

诗人在易水送别友人时有感而作。诗人曾上书冒犯了武则天，被诬陷（wūxiàn）下狱（yù），后遇赦（shè）免获得自由。诗人在易水边送友但不提友情，而是赞美刺杀秦王失败被杀的壮士荆轲，以此倾诉了自己壮志难酬的苦闷。可见二人是肝胆相照的朋友。诗情溢于诗外，真挚且壮怀激烈（jīliè）。

文件：延伸阅读

练 习

一、仿动态，摹写下列汉字。

易	水	燕	丹	壮	士	冲	冠	没	犹

二、写一写"此地别燕丹，壮士发冲冠"的典故。

_____

三、仿写下列诗句，并请同伴点评。

> 昔时人已没，
> 今日水犹寒。
> ——骆宾王

仿写：_____

点评：_____

四、评一评"昔时人已没，今日水犹寒"的深层含义。

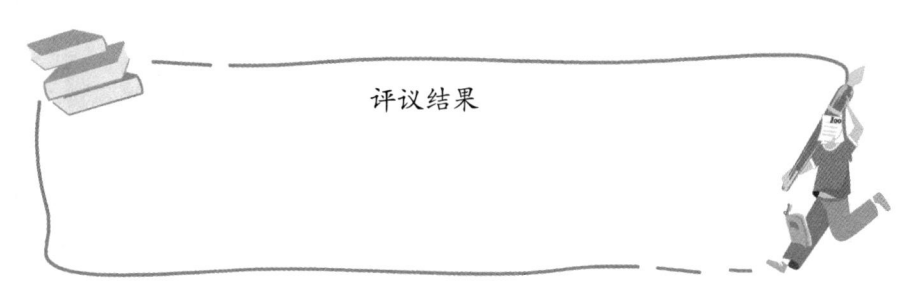

评议结果

五、配乐朗诵骆宾王的《易水送别》。

过故人庄

（唐）孟浩然

故人具鸡黍，邀我至田家。
绿树村边合，青山郭外斜。
开轩面场圃，把酒话桑麻。
待到重阳日，还来就菊花。

Guò Gùrénzhuāng

(Táng) MèngHàorán

Gùrén jùjīshǔ, yāowǒ zhìtiánjiā.
Lǜshù cūnbiānhé, qīngshān guōwàixié.
Kāixuān miànchángpǔ, bǎjiǔ huàsāngmá.
Dàidào chóngyángrì, huánlái jiùjúhuā.

【作者介绍】

孟浩然（689—740），字浩然，襄州襄阳（今湖北襄樊）人，盛唐山水田园诗人。孟浩然的诗歌以五言为主，善于描写自然和生活之美，诗风洒脱有感染力。与王维并称"王孟"。有《孟浩然集》四卷传世。

【注释】

1. 过：拜访。
2. 故人：旧交，老朋友。
3. 具：准备，备办。
4. 黍：一年生植物，果实去壳叫黄米，煮熟有黏（nián）性。
5. 开轩：打开窗户。轩，窗户。
6. 场圃：场院。平坦的空地，有围墙，用来晒农作物。圃，菜园，有篱笆。
7. 桑麻：泛指农事。桑，桑树，麻，麻树。

【现代文翻译】

老朋友准备了丰盛的食物，热情地邀请我到他的农庄做客。他住的村庄景色秀丽迷人，枝繁叶茂的绿树将村子合围了。向远眺望，青葱的山峦与城郭相连。走进院子，朋友亲热地请我到他家炕席上就坐。推开窗户就能看见宽大的场院里铺满了成熟的庄稼。端起酒杯来，我们高兴地谈论今年的收成。聊到开心处，我们相约：等到秋凉重阳节的时候，我再到朋友家来喝菊花酒。

【诗文解析】

这是一首五言律诗。首联点出受邀访友的事件及友人身份。颔联描写友人的生活环境，风光美丽怡人。颈联描写富有情趣的乡间生活，简单而快乐，恬静而安逸。面对着场院和菜园，端着美酒，聊着庄稼的长势及收获的喜悦。尾联则欣然接受下一次的邀约。诗歌充满了淳朴的气息，保持了欢悦的温度，朋友间的亲密关系，弥漫在字里行间。

文件：延伸阅读

练 习

一、仿动态，摹写下列汉字。

具	黍	至	合	开	轩	场	圃	把	桑	麻	就

二、扮演孟浩然，讲述去农庄做客的故事。

三、仿写下列诗句，并请同伴点评。

> 待到重阳日，
> 还来就菊花。
> ——孟浩然

仿写：_____
_____

点评：_____

四、评一评"待到重阳日，还来就菊花"中的节俗。

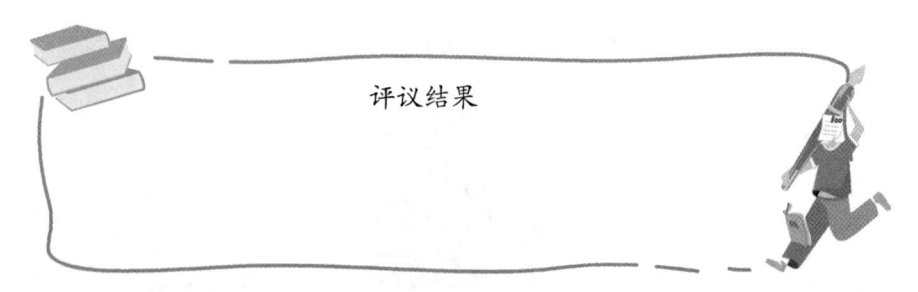

评议结果

五、配乐朗诵孟浩然的《过故人庄》。

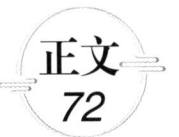

问刘十九

（唐）白居易

绿蚁新醅酒，红泥小火炉。
晚来天欲雪，能饮一杯无？

Wèn LiúShíjiǔ

(Táng) BáiJūyì

Lǜyǐ xīn pēijiǔ,
hóngní xiǎo huǒlú.
Wǎnlái tiān yùxuě,
néng yǐn yìbēi wú?

音频

【作者介绍】

白居易（772—846），字乐天，号香山居士，祖籍山西太原，生于河南新郑。是唐代伟大的现实主义诗人。与元稹共同倡导新乐府运动，世称"元白"，与刘禹锡并称"刘白"。

【注释】

1. 绿蚁：浮在新酿的没有过滤的米酒上的绿色泡沫。
2. 醅：未过滤的酒。
3. 红泥：氧化铁含量较高，土呈现红色，这里指红色泥土做的炉子内胎。
4. 火炉：取暖和炊事用的炉子。

【现代文翻译】

我家有刚酿好还浮着绿泡泡的酒，红泥墁（màn）的炉子火烧得正旺，眼看傍晚要下雪了，兄弟，来喝一杯暖暖可好。

【诗文解析】

这首诗笼罩着浓浓的友情，堪称中国式友情的样板。风雪将要来临，主人备好家酿的米酒，烧旺炉火，殷勤地召唤好友一起来叙旧，朴素的话语，真挚的友情尽在诗中。

文件：延伸阅读

练 习

一、仿动态，摹写下列汉字。

绿	蚁	醅	红	泥	火	炉	饮

二、描述"绿蚁新醅酒，红泥小火炉"的画面。

_____

三、仿写下列诗句，并请同伴点评。

> 绿蚁新醅酒，
> 红泥小火炉。
> ——白居易

仿写：_____
_____

点评：_____

四、评议"晚来天欲雪，能饮一杯无"的中国式友谊。

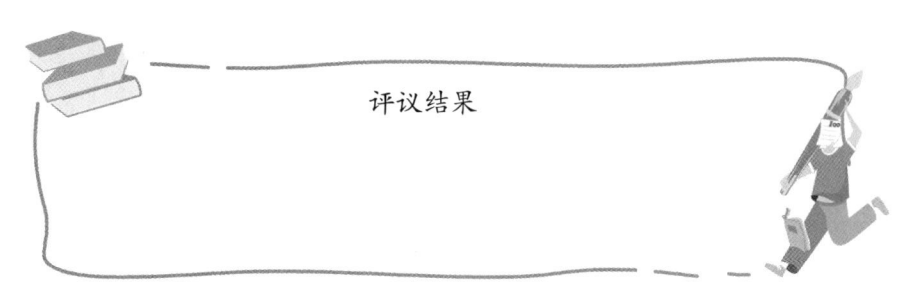

评议结果

五、配乐朗诵白居易的《问刘十九》。

第四章 咏生活

第四章 咏生活

正文 73

观 猎

（唐）王维

风劲角弓鸣，将军猎渭城。
草枯鹰眼疾，雪尽马蹄轻。
忽过新丰市，还归细柳营。
回看射雕处，千里暮云平。

Guānliè

(Táng) Wán Wéi

Fēngjìn jiǎogōng míng, jiāngjūn liè wèichéng.
Cǎokū yīngyǎn jí, xuějìn mǎtí qīng.
Hūguò xīnfēngshì, huánguī xìliǔyíng.
Huíkàn shèdiāochù, qiānlǐ mùyúnpíng.

观猎

231

【作者介绍】

王维（701—761，一说699—761），字摩诘，号摩诘居士，山西运城人，唐朝著名诗人、画家。王维的诗清新淡远，自然脱俗。

【注释】

1. 猎：打猎，捕捉禽兽。
2. 风劲：强劲的寒风。
3. 角弓：以动物的角装饰的弓。
4. 枯：植物失去水分。
5. 眼疾：目光明锐。
6. 细柳营：在今陕西省长安县，是汉代名将周亚夫屯军之地。这里指军队纪律严明，有战斗力。故事出于《史记·绛侯周勃世家》。
7. 雕：一种体长60厘米以上的猛禽，食肉。视觉敏锐，飞行速度快而且长久，一般生活在高山林地、高山草原和针叶林地区。

【现代文翻译】

角弓上的箭支迎着强劲的寒风射了出去，将军在渭城正在进行一场狩猎活动。在枯草上，猎鹰的眼睛能敏锐地觉察到移动的猎物。雪融化了，马轻松腾起四蹄。归猎时，刚刚经过新丰市，很快又到细柳营。回首看看刚才射大雕的地方，暮色笼罩，原野上一片宁静。

【诗文解析】

这首诗歌描写了将军狩猎与归猎的情景。前四句写狩猎："风劲角弓鸣""雪尽马蹄轻"。后四句写归猎："忽过新丰市，还归细柳营"，无论是狩猎还是归猎，诗人都抓住狩猎者敏捷、快速的特征，显示了将军娴熟的狩猎技艺和迅捷的处事风格。表达了诗人对国家守卫者的敬佩，对军旅生活的笃（dǔ）定与信心。

文件：延伸阅读

练 习

一、仿动态，摹写下列汉字。

猎	风	劲	弓	枯	疾	细	柳	营	雕

二、扮演王维，讲述守边将军的打猎故事。

三、仿写下列诗句，并请同伴点评。

> 草枯鹰眼疾，
> 雪尽马蹄轻。
> ——王维

仿写：＿＿＿＿＿＿＿＿＿＿＿＿＿＿＿＿＿＿＿＿＿＿
　　　＿＿＿＿＿＿＿＿＿＿＿＿＿＿＿＿＿＿＿＿＿＿

点评：＿＿＿＿＿＿＿＿＿＿＿＿＿＿＿＿＿＿＿＿＿＿

四、议一议"草枯鹰眼疾，雪尽马蹄轻"的动态美。

议论结果

五、配乐朗诵王维的《观猎》。

营州歌

（唐）高适

营州少年厌原野，狐裘蒙茸猎城下。
虏酒千钟不醉人，胡儿十岁能骑马。

Yíngzhōugē

(Táng) GāoShì

Yíngzhōu shàonián yànyuányě,
húqiú méngróng lièchéngxià.
Lǔjiǔ qiānzhōng búzuìrén,
hú'ér shísuì néngqímǎ.

音频

营州歌

【作者介绍】

高适（700？—765），字达夫、仲武，河北景县人。唐代著名的边塞诗人，与岑参并称"高岑"，他的诗歌笔力雄健，气势豪迈，有奋发有为的盛唐气象。有《高常侍集》传世。

【注释】

1. 营州：唐朝东北边塞。今天辽宁及周边地区。
2. 原野：旷野。无树林、建筑物的开阔土地。
3. 狐裘：用狐狸皮制作的大衣，毛向外翻。
4. 蒙茸：蓬松的样子。
5. 千钟：很多杯酒。钟，酒器。
6. 虏酒：营州出产的酒。

【现代文翻译】

营州地区的少年习惯在广阔的原野上生活。他们穿着茸毛蓬松的皮袍，在城外追逐猎物就是一场快乐的游戏；大口喝着当地产的辛辣的清酒，却怎么也喝不醉。他们十岁时就可以跨上骏马，在旷野里撒欢了。

【诗文解析】

营州的少年穿着"狐裘"，十岁就有"骑马"的技能。他们适应原野的生活环境（"厌"，满足的意思），以打猎为戏，豪饮烈酒。诗歌刻画了北方少数民族青少年豪放的性格，形象生动地表现了他们的生活风貌，赞扬了他们豪迈勇武的精神，揭示了边塞地区尚武的风俗习惯。

文件：延伸阅读

练 习

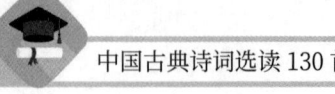

一、仿动态，摹写下列汉字。

厌	原	野	狐	裘	蒙	茸	千	钟	骑

二、拍摄牧区赛马场景，并配字幕。

三、仿写下列诗句，并请同伴点评。

> 营州少年厌原野，
> 狐裘蒙茸猎城下。
> ——高适

仿写：_____

点评：_____

四、翻译"营州少年厌原野，狐裘蒙茸猎城下"。

五、配乐朗诵高适的《营州歌》。

赠别二首·其一

（唐）杜牧

娉娉袅袅十三余，豆蔻梢头二月初。
春风十里扬州路，卷上珠帘总不如。

Zèngbié èrshǒu·qíyī

(Táng) DùMù

Pīngpīng niǎoniǎo shísānyú,
dòukòu shāotóu èryuèchū.
Chūnfēngshílǐ Yáng zhōulù,
juǎnshàng zhūlián zǒngbùrú.

【作者介绍】

杜牧（803—852？），字牧之，号樊川居士，京兆万年（今陕西西安）人，唐代杰出的诗人、散文家。诗歌以七言绝句著称，擅长咏史抒怀。著有《樊川文集》。

【注释】

1. 娉娉：女子轻盈秀美的样子。
2. 袅袅：女子身材细长柔美的样子。
3. 豆蔻：多年生草本植物，产于岭南。高三米多，秋季结实。南方人将花尚未大开时，称为含胎花，诗文中常用来比喻少女。
4. 梢头：树枝的顶端。
5. 珠帘：一颗颗珠子用线穿成一条条垂直的串珠构成的帘幕，在居室内或外悬挂起来，起装饰和遮挡的作用。
6. 春风：春天的暖风。这里指扬州城的繁华盛景。

【现代文翻译】

女子十三岁的年纪，体态轻盈，身材柔美修长，美得如同二月初生长在树梢上的豆蔻花，让人总也看不够。倘徉（chángyáng）在扬州城十里长街上，可以看见舞榭歌台上卷起珠帘的后面许多涂脂抹粉的佳人，但谁也没有你美丽动人。

【诗文解析】

这首诗歌写的是诗人与一位相识的歌伎在分别时恋恋不舍的情感。"豆蔻梢头二月初"是诗人对女子美好容貌的赞美。豆蔻花成穗时，包裹在嫩叶里，穗头是深红色，随着叶子展开，花的颜色变淡，南方人摘豆蔻时选择含苞待放时，叫做"含胎花"。农历二月的豆蔻色泽娇艳诱人。诗人还使用比较手法，将女子的清新、自然和可爱与繁华的扬州城里脂粉味浓的众多美女做了区别。真实地表达了诗人对歌伎分别时难以割舍的怜爱之情。

文件：延伸阅读

练习

一、仿动态，摹写下列汉字。

娉	袅	豆	蔻	头	珠	帘

二、解释"豆蔻梢头二月初"中"豆蔻"的文化含义。

_____

_____

三、拍摄繁华都市街头的美女，配上字幕。

四、仿写下列诗句，并请同伴点评。

> 春风十里扬州路，
> 卷上珠帘总不如。
> ——杜牧

仿写：_____

_____

点评：_____

五、配乐朗诵杜牧的《赠别》。

静夜思

（唐）李白

床前明月光，疑是地上霜。
举头望明月，低头思故乡。

Jìngyèsī

(Táng) LǐBái

Chuángqián míngyuèguāng,
yíshì dìshàngshuāng.
Jǔtóu wàngmíngyuè,
dītóu sīgùxiāng.

音频

【作者介绍】

李白（701—762），字太白，号青莲居士，又号"谪仙人"，唐代伟大的浪漫主义诗人，被后人誉为"诗仙"，与杜甫并称为"李杜"。创造了古代浪漫主义文学高峰、歌行体和七绝达到后人难及的高度。有《李太白集》传世。

【注释】

1. 床：一说胡床，一种可以折叠的轻便坐具。
2. 霜：一种天气现象，贴近地面的空气受地面辐射冷却的影响而降温到霜点（指露点低于0）以下，在地面或物体上凝结而成的白色冰晶。通常出现在秋季至春季。
3. 举：向上抬。
4. 低：垂下。

【现代文翻译】

独自坐在床边，我抬头仰望天空，忽然感觉这轮圆月与家乡的很是相似，于是对家乡的思念涌上心头，便低下头去怀想起家里的人和家里的事啦。

【诗文解析】

诗歌只有二十个字，"明月"却出现了两次，又以"霜"形容明月之亮眼，从而将读者引入诗人所处的特定的时空环境中，视觉形象逼真有质感，触手可及。"举头望明月，低头思故乡"是对诗人动态的描写，并在"举头"与"低头"之间加入"故乡"的意象，引领读者展开关于家乡主题的丰富联想。在"思"故乡的问题上与读者产生了情感的共鸣。

文件：延伸阅读

练 习

一、仿动态，摹写下列汉字。

床	前	光	霜	举	低	思

二、介绍文献中李白的故乡。

三、仿写下列诗句，并请同伴点评。

> 床前明月光，
> 疑是地上霜。
> ——李白

仿写：_____

_____

点评：_____

四、评议"举头望明月，低头思故乡"中的个人形象。

五、配乐朗诵李白的《静夜思》。

题都城南庄

（唐）崔护

去年今日此门中，人面桃花相映红。
人面不知何处去，桃花依旧笑春风。

Tí dōuchéngnánzhuāng

(Táng) CuīHù

Qùniánjīnrì cǐménzhōng,
rénmiàn táohuā xiāngyìnghóng.
Rénmiàn bùzhī héchùqù,
táohuā yījiù xiàochūnfēng.

音频

【作者介绍】

　　崔护（772—846），唐代诗人。他的诗歌语言精练，风格清新婉丽。《全唐诗》存诗六首，都是佳作。

【注释】

1. 都城：指唐朝时期的长安（今天的西安市）。
2. 庄：中国农村的一级组织。
3. 依旧：和原来一样。依，顺着，沿着；旧：过去的，原来的。
4. 相映：相，相互；映，映照。
5. 笑：诗中是花儿盛开的样子。（盛开：许多花瓣展开。）

【现代文翻译】

　　去年的今天，我到都城郊外的南庄散心游玩，就在这个门口，我见到一个让我心动的女子，她的脸和盛开的桃花一样美丽；今天我又来到了这里，但我没有看见那个美丽的女子，只看见桃花和去年一样怒放着。

【诗文解析】

　　诗歌描写的是一个青年偶遇一位美丽女子却错过表达爱意的故事。诗句"人面桃花相映红"，描写青年看到肌肤白皙粉嫩、面容红润的妙龄女子，一见钟情。诗句"桃花依旧笑春风"则是青年眼中桃花在春天里怒放的样态，但是，烂漫的春天里没有了那个让他心动的女子，既沮丧又怅惘。"笑春风"大有深意，花儿开得越灿烂，诗人的心就越苦涩。诗歌通过一个看似简单的人生经历，写出了许多人似曾有过的共同体验：有的美好，一旦错过，再难寻觅。

文件：延伸阅读

练 习

一、仿动态，摹写下列汉字。

南	庄	桃	相	映	何	处	依	旧

二、扮演崔护，讲一个令人遗憾的爱情故事。

三、仿写下列诗句，并请同伴点评。

> 去年今日此门中，
> 人面桃花相映红。
> ——崔护

仿写：_____

_____

点评：_____

四、品一品"人面不知何处去，桃花依旧笑春风"的意境。

_____

_____

五、配乐朗诵崔护的《题都城南庄》。

生查子·元夕

（宋）欧阳修

去年元夜时，花市灯如昼。
月上柳梢头，人约黄昏后。
今年元夜时，月与灯依旧。
不见去年人，泪湿春衫袖。

Shēngzhāzǐ · yuánxī

(Sòng) Ōu Yángxiū

Qùnián yuányèshí, huāshì dēngrúzhòu.
Yuèshàng liǔshāotóu, rényuē huánghūn hòu.
Jīnnián yuányèshí, yuèyǔdēng yījiù.
Bújiàn qùniánrén, lèishī chūnshānxiù.

生查子

【作者介绍】

欧阳修（1007—1072），字永叔，号醉翁、六一居士，吉州永丰（今江西）人，北宋时期杰出的文学家、史学家、政治活动家。有《欧阳文忠公集》一五三卷。

【注释】

1. 花市：销售花卉和园艺用品的集市。地区和时间不同，有不同的形式和内容，可分为长期性的固定花市和临时性的节日展销两类。
2. 依旧：按照惯例，旧，过去。
3. 春衫：青衫。朴素的衣服。

【现代文翻译】

去年元宵节的时候，花市上灯光通明就像白天一样。我和你早早约好，天快黑，月亮刚刚升到柳树梢时我们一起看灯会。今年元宵节的时候，月亮和去年一样圆，花灯和去年一样亮。但是再也见不到你，我的衣袖被泪水打湿了。

【诗文解析】

这首词描写的是一个青年失恋的情感体验。将去年和恋人在一起观灯、赏花的欢乐与今年物是人非的悲伤做一对照。通过"泪湿春衫袖"的细节，表现了失恋的痛苦与无助。

文件：延伸阅读

练 习

一、仿动态，摹写下列汉字。

修	元	夕	灯	昼	头	衫	袖

二、扮演欧阳修，讲一段凄美的爱情故事。

三、仿写下列诗句，并请同伴点评。

> 月上柳梢头，
> 人约黄昏后。
> ——欧阳修

仿写：_____
_____

点评：_____

四、品一品"月上柳梢头，人约黄昏后"的意境。
_____
_____

五、配乐朗诵欧阳修的《生查子·元夕》。

秋 思

（唐）张籍

洛阳城里见秋风，欲作家书意万重。
复恐匆匆说不尽，行人临发又开封。

Qiū sī

(Táng) ZhāngJí

Luòyáng chénglǐ jiànqiūfēng,
yùzuò jiāshū yìwànchóng.
Fùkǒng cōngcōng shuōbújìn,
xíngrén línfā yòu kāifēng.

【作者介绍】

张籍（772？—830），字文昌，吴郡（江苏苏州）人，唐代诗人。乐府诗作与王建齐名，并称"张王乐府"。有《张司业集》传世。

【注释】

1. 家书：用纸和笔书写文字，向家里亲人报告信息。
2. 恐：害怕，担心。
3. 临发：将要出发。临，接近，将要。
4. 开封：打开已密封好的书信。

【现代文翻译】

凉风习习，洛阳的秋天到了，正好有人要到家乡去，想着写封家书让人带回去，一时千言万语涌向心头，不知如何落笔。刚刚把家书密封好交给行人，忽然又觉得还有事情要交代，于是，把已密封的信再次打开。

【诗文解析】

诗人截取了诗人生活中的一个片段，展示了与家人亲密的情感，细腻而真实。"复恐匆匆说不尽，行人临发又开封"诗人将已写好的家书交给出去，又要了回来，再次打开来，经过诗人与行人的互动，及诗人动作细节的描写，使诗歌具有可触及的画面感。

文件：延伸阅读

练 习

一、仿动态，摹写下列汉字。

家	书	恐	临	发	开	封	作

二、扮演张籍，讲述"欲作家书意万重"的含义。

三、仿写下列诗句，并请同伴点评。

> 洛阳城里见秋风，
> 欲作家书意万重。
> ——张籍

仿写：_____

_____

点评：_____

四、品一品"复恐匆匆说不尽，行人临发又开封"的细节美。

_____

_____

五、配乐朗诵张籍的《秋思》。

游子吟

（唐）孟郊

慈母手中线，游子身上衣。
临行密密缝，意恐迟迟归。
谁言寸草心，报得三春晖。

Yóuzǐyín

(Táng) MèngJiāo

Címǔ shǒuzhōng xiàn, yóuzǐ shēnshàng yī.
Línxíng mìmìféng, yìkǒng chíchíguī.
Shuíyán cùncǎoxīn, bàodé sānchūnhuī.

音频

游子吟

【作者介绍】

孟郊（751—814），字东野，湖州武康（浙江德清）人，中唐诗人，与韩愈齐名并称"韩孟"有《孟东野集》十卷。

【注释】

1. 慈母：温柔而怜爱的母亲。慈，慈祥，慈爱。
2. 游子：离家远游的人。
3. 缝：用针线连缀（zhuì）。
4. 寸草心：小草抽出的嫩心。
5. 三春晖：比喻伟大的母爱。三春，春天的三个月农历正月称孟春，二月称仲春，三月称季春。晖：阳光。

【现代文翻译】

慈祥的母亲手里正拿着针线，为远行的儿子缝制新衣裳。她将针脚密密地缝在衣料上，担心孩子回家要隔好长时间，怕把衣服磨破了。母爱真是伟大，你像春天小草一样的孝心，怎么可以报答得了她像春天温暖的阳光一样的恩情呢？

【诗文解析】

吟，乐府诗的一种。乐府诗，汉代武帝时，设立采集各地歌谣和整理、制订乐谱的机构叫乐府。后来把乐府唱的诗叫乐府诗。乐府诗特点是：写真事、写真情、写人物（语言和动作）。这首诗歌从母亲为远行的儿子缝制衣服的细节写起，以感叹游子无法报答母亲的爱结束。事件真实，感情真挚，可以引发读者情感的共鸣。

文件：延伸阅读

练 习

一、仿动态，摹写下列汉字。

慈	母	游	子	缝	寸	草	心	三	春	晖

二、翻译"慈母手中线，游子身上衣"。

_____

三、仿写下列诗句，并请同伴点评。

> 慈母手中线，
> 游子身上衣。
> ——孟郊

仿写：_____
_____

点评：_____

四、评一评"谁言寸草心，报得三春晖"中的孝道观念。

评议结果

五、配乐朗诵孟郊的《游子吟》。

如梦令·常记溪亭日暮

（宋）李清照

常记溪亭日暮，沉醉不知归路。
兴尽晚回舟，误入藕花深处。
争渡，争渡，惊起一滩鸥鹭。

Rúmènglìng · chángjìxītíngrìmù

(Sòng) LǐQīngzhào

Chángjì xītíng rìmù, chénzuì bùzhīguīlù.
Xìngjìn wǎnhuízhōu, wùrù ǒuhuā shēnchù.
Zhēngdù, zhēngdù, jīngqǐ yìtān ōulù.

【作者介绍】

李清照（1084—1155？），号易安居士，济南章丘（今属山东）人。宋代女词人。

【注释】

1. 如梦令：词牌名，单调，三十三字，仄声韵。
2. 溪亭：临水的亭子。
3. 沉醉：沉，深。沉醉，微醺。
4. 藕花：藕，莲藕，有莲藕的荷花。
5. 争渡：努力划动船只。
6. 鸥鹭：海鸥与鹭鸶等水鸟。鸥，海鸥。鹭，鹭鸶。

【现代文翻译】

常常回忆起那一次在溪亭饮酒的情景，当时喝得实在太尽兴了，竟然找不到回家的路了。划着船在荷花塘里冲来撞去，就这样，划呀划呀，突然，耳畔响起哗啦啦的声音，眼前飞起许多的海鸥与鹭鸶。

【诗文解析】

这首词是李清照在南迁之后，在寂寞孤寂中回忆少女时代的快乐生活，描画了一个生活优渥（wò）的贵族少女喝酒的人生经历。诗人喝到傍晚时已微醺（xūn），回家的路上，在荷花塘中乱撞，惊动了水中栖息的各类水鸟。空间构图上形成多层次有趣的画面，下面是荷塘和挣扎中的少女，上面是振翼（yì）的各类水鸟，一片水乡的唯美世界。

文件：延伸阅读

练 习

一、仿动态，摹写下列汉字。

溪	亭	沉	醉	藕	花	争	渡	鸥	鹭

二、介绍"如梦令"词牌的特征。

三、仿写下列诗句，并请同伴点评。

> 兴尽晚回舟，
> 误入藕花深处。
> ——李清照

仿写：＿＿＿＿＿＿＿＿＿＿＿＿＿＿＿＿＿＿＿＿＿＿＿＿＿＿＿＿＿＿
　　　＿＿＿＿＿＿＿＿＿＿＿＿＿＿＿＿＿＿＿＿＿＿＿＿＿＿＿＿＿＿

点评：＿＿＿＿＿＿＿＿＿＿＿＿＿＿＿＿＿＿＿＿＿＿＿＿＿＿＿＿＿＿

四、角色扮演，表现"争渡争渡，惊起一滩鸥鹭"的场景。

五、配乐朗诵李清照的《如梦令》。

相见欢·无言独上西楼

（南唐）李煜

无言独上西楼，月如钩。寂寞梧桐深院锁清秋。
剪不断，理还乱，是离愁。别是一般滋味在心头。

Xiāngjiànhuān · wúyándúshàngxīlóu

(Nántáng) LǐYù

Wúyán dúshàng xīlóu, yuè rúgōu.
Jìmò wútóng shēnyuàn suǒqīngqiū.
Jiǎnbúduàn, lǐhuánluàn, shìlíchóu.
Biéshì yìbān zīwèi zàixīntóu.

音频

【作者介绍】

李煜（937—978），字重光，今江苏省南京市人，南唐第三任国君，精于书法，善于绘画，通晓音律，诗和文都有一定造诣，尤以词的成就最高。

【注释】

1. 相见欢：词牌名，双调三十六字，前三句三平韵，后四句两句仄韵两句平韵。
2. 寂寞：孤单冷清的心境。
3. 梧桐：一种落叶乔木，叶片卵形，长江流域为多。梧桐具有丰富的文化含义。这里指忧愁。
4. 离愁：离别的忧愁。
5. 滋味：味道，某种感受。

【现代文翻译】

深秋时节，一个人默默无语独自登上西楼，残月当头，庭院中只有寂寞的梧桐树悄悄地伫（zhù）立着。想理一理自己的纷乱思绪，可是，思绪简直像一堆乱麻，怎么也理不清，这种离别的愁绪，在心中有种难以言说的味道。

【诗文解析】

李煜在975年投降大宋，从临安来到开封，身份由国君转变为大宋的臣子，行为受到监控。内心寂寞、恐惧又感伤。词是在作者失去自由的情况下创作的。这首词描绘了词人独自登楼环视周围看到的景观："寂寞梧桐深院锁清秋"，院落笼罩在清冷的秋色里，朦胧孤寂。检视自己的心情，充满亡国的愁绪。"剪不断，理还乱，是离愁"，用剪不断的流水、理不顺的丝线做比喻，形象地揭示了亡国之君真实的内心感受。

文件：延伸阅读

练 习

一、仿动态，摹写下列汉字。

寂	寞	梧	桐	清	秋	离	愁	滋	味

二、指出"剪不断，理还乱，是离愁"的修辞方法。

_____

三、仿写下列诗句，并请同伴点评。

> 剪不断，
> 理还乱，是离愁。
> ——李煜

仿写：_____
_____

点评：_____

四、议一议"寂寞梧桐深院锁清秋"的语言思维特征。

议论结果

五、配乐朗读李煜的《相见欢》。

260

天净沙·秋思

（元）马致远

枯藤老树昏鸦，小桥流水人家，古道西风瘦马。
夕阳西下，断肠人在天涯。

Tiānjìngshā · qiūsī

(Yuán) MǎZhìyuǎn

Kūténg lǎoshù hūnyā,
xiǎoqiáo liúshuǐ rénjiā,
gǔdào xīfēng shòumǎ.
Xīyáng xīxià, duànchángrén zài tiānyá.

【作者介绍】

马致远，号东篱，大都（今北京）人。元代著名散曲家，创作题材广泛。与关汉卿、郑光祖、白朴并称"元曲四大家"。语言清丽，风格飘逸奔放。有《东篱乐府》一卷传世。

【注释】

1. 天净沙：曲牌名，又名"塞上秋"，共五句二十八字，第一、二、三、五句每句六字，第四句为四字句，句句押韵。第一、二、五句为平韵，第三、四句为仄韵。
2. 枯藤：茎干细长，攀缘树木但已失去水分的植物。枯，植物失去水分，茎干细长，自身不能直立生长，必须依附他物而向上攀缘的植物。
3. 昏鸦：黄昏时分归巢的乌鸦。昏，黄昏。鸦，乌鸦。
4. 断肠人：伤心绝望的人。
5. 天涯：天的边缘处。

【现代文翻译】

一棵干枯衰老的树兀立在路边。黄昏时分，一群乌鸦飞到枯树上栖息。远处，有人家的房舍，房舍前小桥下，流水潺潺。近处，多年失修的路上秋风刮过，一匹瘦弱的老马，跟随主人缓慢行走。眼看太阳要落山了，流落天涯的伤心人，遥望着远方，不知明天是个什么样。

【诗文解析】

这首小令描绘的是一个失意的士大夫感伤的心理。以名词与修饰语结合建构了多视角、多层次的画面，藤、树、乌鸦、桥、水、人家、道、风与瘦马，形成压抑、萧索（xiāosuǒ）的气氛，烘托了诗人凄凉的心情。最后用点睛之笔，突出了画面中的主人的形象。语言圆熟自然，呈现了汉语语言建构奇妙世界的能量。

文件：延伸阅读

练 习

一、仿动态，摹写下列汉字。

天	净	沙	枯	藤	昏	鸦	瘦	马	断	肠

二、品一品"枯藤""老树""昏鸦""古道""西风""瘦马"等意象构建的意境。

_____

三、仿写下列诗句，并请同伴点评。

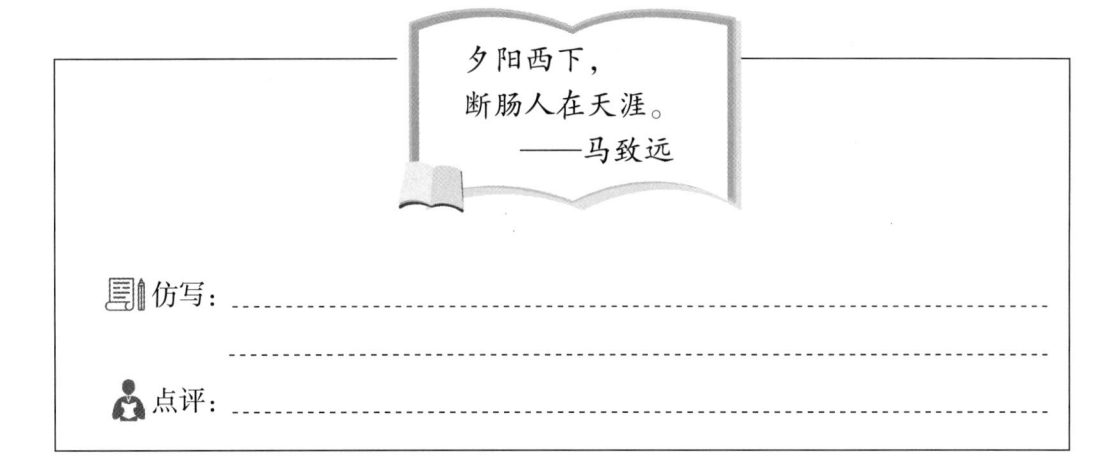

> 夕阳西下，
> 断肠人在天涯。
> ——马致远

仿写：_____
_____

点评：_____

四、议一议"夕阳西下，断肠人在天涯"中的诗情。

议论结果

五、配乐朗诵马致远的《天净沙·秋思》。

263

夏日绝句

（宋）李清照

生当作人杰，死亦为鬼雄。
至今思项羽，不肯过江东。

Xiàrì juéjù

(Sòng) LǐQīngzhào

Shēng dāng zuòrénjié,
sǐ yì wéiguǐxióng.
Zhìjīn sīxiàngyǔ,
bùkěn guòjiāngdōng.

【作者介绍】

李清照（1084—1155？），号易安居士，济南章丘（今属山东）人。宋代女词人，婉约词派代表，诗文兼工。语言清丽，善用白描手法，后人辑有《漱玉词》一卷。

【注释】

1. 人杰：才智杰出，做事有道的人。
2. 鬼雄：为国捐躯的鬼中雄杰。鬼，众生必死，死必归土，入土者称为鬼。
3. 项羽：秦朝末年的军事家、政治家，以武力出众而闻名。
4. 江东：长江在自九江往南京一段为西南往东北走向，于是将大江以东的地区称为"江东"。三国两晋开始江东以文化繁荣、经济富庶著称。项羽曾在江东起兵。

【现代文翻译】

人活着一定要成为众人中的杰出者，如果死了也一定要成为鬼界中的英雄。项羽就是这样的一个人，至今人们还在思念项羽，因为他至死不愿渡江回到江东。

【诗文解析】

这首诗赞美了一种视死如归的男人的英雄气概。以项羽宁死于垓下，不肯渡江偷生为榜样，讽刺南宋王朝在金兵南下之后，逃离首都开封迁都杭州的苟且行为。语言朴素，但连用三个典故，使诗歌凌然（língrán），有气势。人杰出自《史记·高祖本纪》汉高祖刘邦赞张良、萧何与韩信；鬼雄出自屈原的《国殇》；项羽最有名的是垓下兵败，"无颜见江东父老"，放弃回江东重振旗鼓自杀成仁。

文件：延伸阅读

练 习

✏️ 一、仿动态，摹写下列汉字。

人	杰	鬼	雄	项	羽	江	东

📖 二、解释"绝句"的概念。

✏️ 三、仿写下列诗句，并请同伴点评。

> 生当作人杰，
> 死亦为鬼雄。
> ——李清照

📝 仿写：_____

　　　　_____

👤 点评：_____

💬 四、议一议"生当作人杰，死亦为鬼雄"的文化含义。

议论结果

🔊 五、配乐朗诵李清照的《夏日绝句》。

观书有感二首·其一

（宋）朱熹

半亩方塘一鉴开，天光云影共徘徊。
问渠那得清如许，为有源头活水来。

Guānshūyǒugǎn èrshǒu qíyī

(Sòng) ZhūXī

Bànmǔ fāngtáng yíjiànkāi,
tiānguāng yúnyǐng gòngpáihuái.
Wènqú nǎdé qīngrúxǔ,
wèiyǒu yuántóu huóshuǐlái.

【作者介绍】

朱熹（1130—1200），字元晦，又字仲晦，号晦庵，晚称晦翁。祖籍徽州婺源（今属江西），生于剑南尤溪。中国南宋时期理学家、思想家、哲学家、教育家、诗人。理学集大成者，闽学代表人物，被后世尊称为朱子。善写哲理诗。

【注释】

1. 半亩：亩，计量单位，30平方丈。
2. 方塘：方形的池塘。
3. 鉴：镜子。
4. 徘徊：在一个地方来回走。这里指云的影子映在水中移动的样子。
5. 渠：它。
6. 源头：指水发源处，比喻事物的本源。

【现代文翻译】

小小的池塘就像打开的一面镜子，天上美景和云朵的影子在池塘中游弋，要问池塘为啥这么清澈，是因为有源头活水呀！

【诗文解析】

这是一首哲理诗，诗人把读书的效果转换为看池塘的感受。把清澈的池塘比作一面光鉴可人的镜子，能清晰地照见事物的样子，池塘能持久保持清澈只是因为有源头活水。从而以隐晦的方式揭示出读书增长知识对于人们透彻认识事物规律的价值。

文件：延伸阅读

练 习

一、仿动态，摹写下列汉字。

半	亩	方	塘	鉴	徘	徊	渠	源	头

二、翻译"半亩方塘一鉴开，天光云影共徘徊"。

_____

三、仿写下列诗句，并请同伴点评。

> 问渠那得清如许，
> 为有源头活水来。
> ——朱熹

仿写：_____

_____

点评：_____

四、议一议"问渠那得清如许，为有源头活水来"的文化内涵。

议论结果

五、配乐朗诵朱熹的《观书有感》。

虞美人

（南唐）李煜

春花秋月何时了？往事知多少。
小楼昨夜又东风，故国不堪回首月明中。
雕栏玉砌应犹在，只是朱颜改。
问君能有几多愁？恰似一江春水向东流。

Yúměirén

(Nántáng) LǐYù

Chūnhuā qiūyuè héshíliǎo? wǎngshì zhīduōshǎo.
Xiǎolóu zuóyè yòudōngfēng,
gùguó bùkānhuíshǒu yuèmíngzhōng.
Diāolán yùqì yīngyóuzài, zhǐshì zhūyángǎi.
Wènjūn néngyǒu jǐduōchóu?
qiàsì yìjiāng chūnshuǐ xiàngdōngliú.

【作者介绍】

李煜（937—978），字重光，今江苏省南京市人，南唐第三任国君。精于书法，善于绘画，通晓音律，诗和文都有一定造诣，尤以词的成就最高。

【注释】

1. 虞美人：词牌名。双调，五十六字，上下片各四句，两仄韵转两平韵。
2. 春花秋月：良辰美景也指岁月推移更替。
3. 不堪：承受不了。
4. 雕栏玉砌：故国华丽的宫殿。雕栏，雕花的栏杆。玉砌，玉石砌成的台阶。
5. 朱颜：美人。

【现代文翻译】

　　自然的脚步总是一刻不停，眼前总是变换着美丽的景色，但与我不仅没有关系，还令我烦闷。日子一天天过去，但每当想起痛彻心扉的过去，内心无比煎熬。昨夜楼前又刮来东风，春天到了。在不眠的夜晚仰望明月回忆故国的美好生活，真是痛苦不已。那高大华丽的宫殿一定依然矗立者，只是里面生活的人早已更换了。如果你问我心里有多么愁苦，我说就像那绵绵不绝的春江之水向东流去。

【诗文解析】

　　全词抒发了一个阶下囚徒、亡国之君的心声。语言素淡无华，感情沉痛。词由上下片构成，上片感叹时光的流失，春光美好，但词人已难以享受。下片感叹物是人非，遗恨绵绵。

文件：延伸阅读

练 习

一、仿动态，摹写下列汉字。

虞	美	煜	往	雕	栏	玉	砌	朱	颜	恰	似

二、简单介绍李煜的诗词的艺术成就。

三、仿写下列诗句，并请同伴点评。

问君能有几多愁，恰似一江春水向东流。
——李煜

仿写：_____
_____

点评：_____

四、评一评"问君能有几多愁？恰似一江春水向东流"的修辞方法及效果。

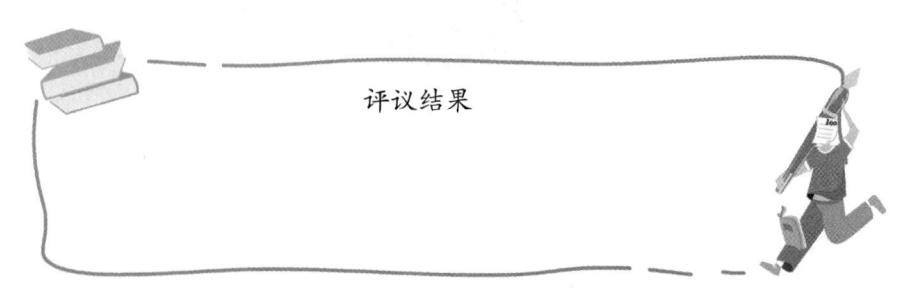

评议结果

五、配乐朗诵李煜的《虞美人》。

秋词（其一）

（唐）刘禹锡

自古逢秋悲寂寥，我言秋日胜春朝。
晴空一鹤排云上，便引诗情到碧霄。

Qiūcí(QíYī)

(Táng) LiúYǔxī

Zìgǔféngqiū bēi jìliáo,
wǒyán qiūrì shèng chūnzhāo.
Qíngkōngyíhè páiyúnshàng,
biànyǐn shīqíng dào bìxiāo.

音频

【作者介绍】

刘禹锡（772—842），字梦得，洛阳（今属河南）人。唐朝时期的文学家、哲学家，诗歌富有张力，有"诗豪"之称。诗文俱佳，与柳宗元并称"刘柳"，与韦应物、白居易合称"三杰"，并与白居易合称"刘白"。有《刘宾客文集》四十卷存世。

【注释】

1. 寂寥：寂静、冷清、萧条。
2. 春朝：春天的早晨。比喻充满希望与活力。
3. 鹤：姿态优雅的大型飞禽，一般为白色或灰色。生活在水边。
4. 排云：排开云层，形容高。
5. 碧霄：青天，蓝天。碧，青绿色的玉石。霄，天空。

【现代文翻译】

自古以来，一说到秋天人们普遍感慨冷清、寂静、萧条。我以为秋天的美景胜过春天的早晨，天高云淡，一只飞鹤直冲云霄，用高亢的叫声将诗情带到了苍穹（qióng）之上。

【诗文解析】

这首诗是诗人被贬朗州之后所做，但是丝毫没有因遭受挫折而颓唐（tuítáng）。诗歌描绘了秋天的景象，但与一般人悲叹秋天寂寥的认知相背，热情地赞美了秋天的美好，特别是描写了鹤一飞冲天的形象，抒发了诗人积极进取的精神和开朗豁达的情怀，也借此展现了诗人对自我才情的自信力。

文件：延伸阅读

练 习

一、仿动态，摹写下列汉字。

寂	寥	春	朝	鹤	排	云	碧	霄

二、品一品"自古逢秋悲寂寥，我言秋日胜春朝"的文化含义。

三、仿写下列诗句，并请同伴点评。

> 自古逢秋悲寂寥。
> 我言秋日胜春朝。
> ——刘禹锡

仿写：_____

点评：_____

四、评一评"晴空一鹤排云上"中"鹤"的形象的隐喻。

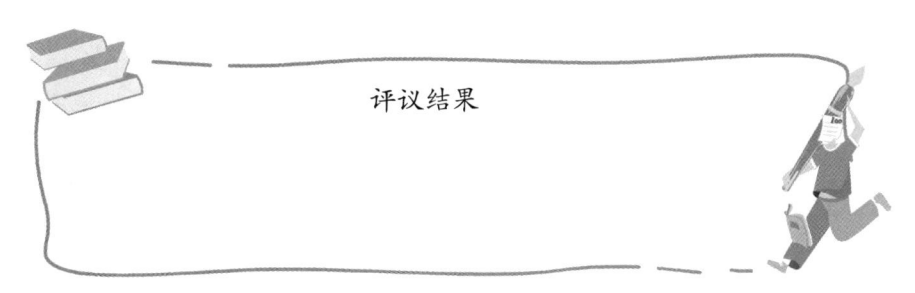

评议结果

五、配乐朗诵刘禹锡的《秋词》。

275

鸡

（唐）崔道融

买得晨鸡共鸡语，常时不用等闲鸣。
深山月黑风雨夜，欲近晓天啼一声。

Jī

(Táng) Cuīdàoróng

Mǎidéchénjī gòngjīyǔ,
chángshíbúyòng děngxiánmíng.
Shēnshān yuèhēi fēngyǔyè,
yùjìn xiǎotiān tíyìshēng.

【作者介绍】

崔道融（880？—907），自号东瓯散人。湖北江陵人，唐代诗人。擅长绝句，与司空图、方干为诗友。《全唐诗》录存其诗。

【注释】

1. 晨鸡：司晨的公鸡。
2. 常时：平时。
3. 等闲：寻常，平常。
4. 晓天：天刚亮。

【现代文翻译】

买来一只司晨的公鸡对它讲：平时你不用天天啼鸣，在深山、月黑风高、雷雨交加的夜晚，在晦（huì）明难辨，临近破晓的那一刻叫一声就行了。

【诗文解析】

这首绝句语言通俗有趣。诗歌的主角是司晨的公鸡，诗人对公鸡交代，平时不必卖力地啼鸣，在晦明难辨时，嘹（liáo）亮的一声啼叫天下尽知。显然诗人是以桀骜（jié ào）不驯的雄鸡自比，字里行间流露出诗人的傲岸（ào àn）气度和对自己才学的自负。

文件：延伸阅读

练 习

一、仿动态，摹写下列汉字。

晨	鸡	常	时	等	闲	晓	天

二、翻译"买得晨鸡共鸡语，常时不用等闲鸣"。

三、仿写下列诗句，并请同伴点评。

> 深山月黑风雨夜，
> 欲近晓天啼一声。
> ——崔道融

仿写：_____

点评：_____

四、评一评"深山月黑风雨夜"的象征意义。

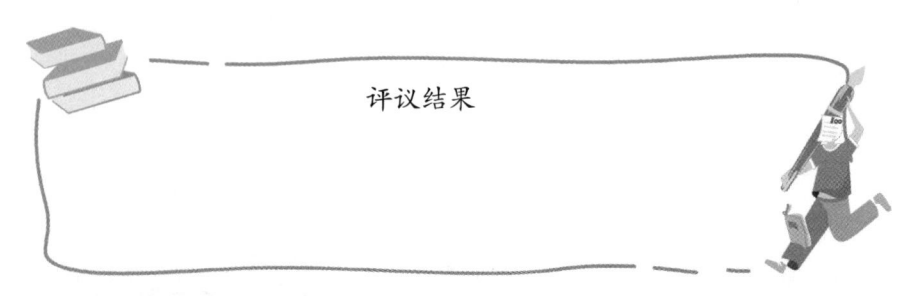

评议结果

五、配乐朗诵崔道融的《鸡》。

蜂

（唐）罗隐

不论平地与山尖，无限风光尽被占。
采得百花成蜜后，为谁辛苦为谁甜。

Fēng

(Táng) Luó Yǐn

Búlùn píngdì yǔ shānjiān,
wúxiàn fēngguāng jìn bèizhàn.
Cǎidé bǎihuā chéngmìhòu,
wèishuí xīnkǔ wèishuí tián.

音频

蜂

【作者介绍】

罗隐（833—910），原名横，字昭谏，浙江杭州市富阳区新登镇人，从859年开始总共参加了十多次进士试，都不成功，史称"十上不第"。唐代文学家。

【注释】

1. 蜂：昆虫，会飞，尾部多有毒刺，能蜇（zhē）人。
2. 无限：没有尽头；没有限量，数量极多。
3. 风光：风景，景色。
4. 蜜：蜂采集花液酿成的甜汁。
5. 为谁：替谁。

【现代文翻译】

无论是平地还是山顶，只要有花的地方一定有蜜蜂紧张忙碌的身影。等到采集的花液酿成了甜汁，蜂的劳动果实就不知为谁所有了。

【诗文解析】

诗歌别树一帜，在赞美蜜蜂辛勤采集花蜜的行为时，对其劳动价值提出质疑。蜂采集花蜜供蜂王和幼蜂，出于自然的本能。在诗中，蜂是个隐喻，比喻勤劳慷慨的人，它的劳动价值利于后代的成长。同时蜂蜜为人享用。因此，诗人一方面赞美了蜜蜂辛勤劳动的高尚品格，另一方面也表现出作者对不劳而获的人的不满和痛恨。

文件：延伸阅读

练 习

一、仿动态，摹写下列汉字。

蜂	无	限	蜜	为	谁	辛	苦

二、指出"不论平地与山尖，无限风光尽被占"艺术表现方法。

_____

三、仿写下列诗句，并请同伴点评。

> 采得百花成蜜后，
> 为谁辛苦为谁甜。
> ——罗隐

仿写：_____
_____

点评：_____

四、评议"采得百花成蜜后，为谁辛苦为谁甜"对社会分配的认识。

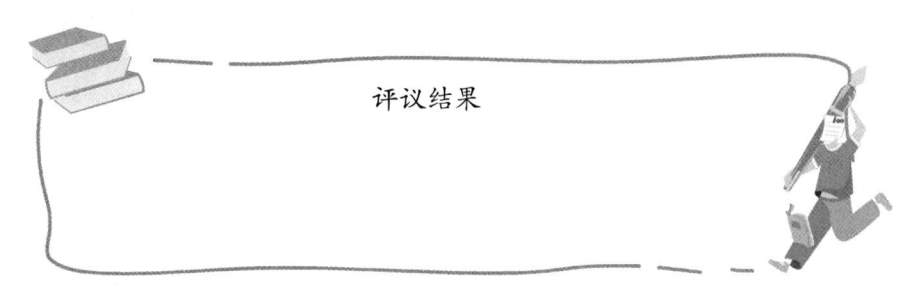

评议结果

五、配乐朗诵罗隐的《蜂》。

竹里馆

（唐）王维

独坐幽篁里，弹琴复长啸。
深林人不知，明月来相照。

ZhúLǐguǎn

(Táng) WángWéi

Dúzuò yōuhuánglǐ,
tánqín fùchángxiào.
Shēnlín rénbùzhī,
míngyuè láixiāngzhào.

音频

【作者介绍】

王维（701—761，一说 699—761），字摩诘，号摩诘居士，山西运城人，唐朝著名诗人、画家。王维的诗清新淡远，自然脱俗。

【注释】

1. 竹里馆：王维的辋（wǎng）川别墅，周边种满竹子。
2. 幽篁：幽静的竹林。幽，幽静，篁：竹林。
3. 啸：人撮（cuō）口发出长而清脆的声音；打口哨。
4. 深林：幽篁。
5. 相照：明月善解人意，照耀诗人，与诗人为伴。

【现代文翻译】

一个人坐在清幽的竹林里，一边抚（fǔ）琴，一边吹着响亮口哨，没有人知道我在竹林的深处，只有明月与我悄悄相伴。

【诗文解析】

诗歌描写了诗人惬意的隐居生活。环境是，翠竹森森。竹子因具有坚韧中空的特征，成为中国士人追求节操的隐喻。工作是，独坐、弹琴、长啸，悠然自得。全诗平淡无奇，自然天成，建构了高雅绝俗的境界。

文件：延伸阅读

练 习

一、仿动态，摹写下列汉字。

竹	里	馆	幽	篁	啸	深	林	相	照

二、翻译"独坐幽篁里，弹琴复长啸"。

三、仿写下列诗句，并请同伴点评。

> 独坐幽篁里，
> 弹琴复长啸。
> ——王维

仿写：_____

点评：_____

四、描绘"深林人不知，明月来相照"的意境。

五、配乐朗诵王维的《竹里馆》。

山居秋暝

（唐）王维

空山新雨后，天气晚来秋。
明月松间照，清泉石上流。
竹喧归浣女，莲动下渔舟。
随意春芳歇，王孙自可留。

Shānjū Qiūmíng

(Táng) WángWéi

Kōngshān xīnyǔhòu, tiānqì wǎnláiqiū.
Míngyuè sōngjiānzhào, qīngquán shíshàngliú.
Zhúxuān guīhuànnǚ, liándòng xiàyúzhōu.
Suíyì chūnfāngxiē, wángsūn zìkěliú.

【作者介绍】

王维（701—761，一说699年—761年），字摩诘，号摩诘居士，山西运城人，唐朝著名诗人、画家。王维的诗清新淡远，自然脱俗。

【注释】

1. 山居：山中的住所。
2. 秋暝：秋天的黄昏。暝，天色昏暗，引申为傍晚。
3. 竹喧：竹林里笑语喧哗。竹，竹林。喧，喧闹。
4. 浣女：洗衣女。浣，洗涤衣物。
5. 莲动：莲叶莲花摆动。
6. 渔舟：打鱼的船只。
7. 随意：任凭。
8. 歇：凋零，花、草、木枯萎。
9. 王孙：贵族，也可自比。

【现代文翻译】

空旷的山中刚刚下了一场雨，傍晚时分，空气里散发着初秋的凉意。明亮的圆月在松林间洒下清辉，清澈的山泉在山石上淙淙（cóng cóng）流淌。突然，竹林里一阵喧哗，原来是一群洗衣女快乐归来；莲叶莲花不停摆动，那是渔船在荷塘轻轻划过。春天任它过去了吧，秋天的山中趣味多多。

【诗文解析】

这首诗是王维悠闲的隐居生活的真实反映。王维晚年时在终南山构筑了别墅，这首诗正是居住别墅时的创作。其中的意象有山、雨、月、松、泉、石、竹、莲、浣女、渔舟等，描写了山中景观的美好，生活的淳朴，充分展示人与自然的和谐关系，表现了诗人对怡然自得的隐居生活的满足感。

文件：延伸阅读

练 习

一、仿动态，摹写下列汉字。

山	居	秋	暝	竹	喧	浣	女	莲

动	渔	舟	随	意	歇	王	孙

二、拍摄"明月松间照，清泉石上流"的抖音视频。

三、品一品"竹喧归浣女，莲动下渔舟"动态美。
_____
_____

四、仿写下列诗句，并请同伴点评。

> 明月松间照，
> 清泉石上流。
> ——王维

仿写：_____
_____

点评：_____

五、配乐朗诵王维的《山居秋暝》。

秋浦歌（其十五）

（唐）李白

白发三千丈，缘愁似个长。
不知明镜里，何处得秋霜。

QiūPǔgē(qíshíwǔ)

(Táng) LǐBái

Báifà sānqiānzhàng,
yuánchóu sìgècháng.
Bùzhī míngjìnglǐ,
héchù déqiūshuāng.

【作者介绍】

李白（701—762），字太白，号青莲居士，唐代伟大的浪漫主义诗人，被后人誉为"诗仙"，与杜甫并称为"李杜"。

【注释】

1. 秋浦歌：《秋浦歌十七首》是唐代伟大诗人李白的组诗作品。这组诗是在唐玄宗天宝年间作者再游秋浦（今安徽贵池西）时创作的。
2. 三千丈：指因发愁长出的很长的白发。丈，度量单位，十尺为一丈。（一米等于三尺）
3. 秋霜：每年的九月、十月份，是深秋来临的时候，地面的水汽遇到寒冷天气凝结成的一种白色冰晶。这里选取白的颜色，比喻发愁长出的白发。

【现代文翻译】

白发长了三千丈，都是因为发愁成这个样子的。对着镜子里的白头发，我心里琢磨，在人生的什么地方将头发染白了呢？

【诗文解析】

这是一首自述诗，描写了诗人对镜中的自我形象，进行反思的心理："白发三千丈，缘愁似个长。"诗中的艺术技巧主要是夸张。"愁生白发"是常识。人生的不如意竟然可以产生"三千丈"长的"白发"，体现人生的愁苦之多，这种奇特的联想是李白独有的创造，体现了诗人鲜明的个性。

文件：延伸阅读

练 习

一、仿动态，摹写下列汉字。

秋	浦	歌	三	千	丈	缘	愁	镜

二、翻译"不知明镜里，何处得秋霜"。

三、仿写下列诗句，并请同伴点评。

> 白发三千丈，
> 缘愁似个长。
> ——李白

仿写：_____

_____

点评：_____

四、评一评"白发三千丈，缘愁似个长"中夸张艺术的效果。

评议结果

五、配乐朗诵李白的《秋浦歌》。

小儿垂钓

（唐）胡令能

蓬头稚子学垂纶，侧坐莓苔草映身。
路人借问遥招手，怕得鱼惊不应人。

Xiǎo'ér chuídiào

(Táng) Hú Lìngnéng

Péngtóu zhìzǐ xué chuílún,
cèzuò méitái cǎo yìngshēn.
Lùrén jièwèn yáozhāoshǒu,
pàdé yújīng búyìngrén.

音频

【作者介绍】

胡令能（785—826），河南郑州中牟县人，唐代诗人。《全唐诗》存诗四首。

【注释】

1. 蓬头：头发散乱。
2. 稚子：小孩。
3. 垂纶：垂钓。纶，钓鱼的丝线。
4. 莓苔：青苔。贴着地面生长在阴湿地方的低等植物。
5. 得：推测必然发生的事。

【现代文翻译】

一个头发乱蓬蓬的小孩，随性坐在阴湿的莓苔上，躲藏在草丛中正在练习垂钓。路人问事只是挥了挥手并不回应，怕鱼受到惊吓脱了钩。

【诗文解析】

诗歌用朴素而生动的语言记录了一个小孩学钓鱼的趣事。语言浅显，生活趣味浓郁。场景描写有湿地、草丛。人物描写有蓬头、侧坐，垂纶。细节描写有"遥招手""不应人"，使得稚子严肃的态度，可爱的形象跃然纸上。

文件：延伸阅读

练 习

一、仿动态，摹写下列汉字。

蓬	头	稚	子	垂	纶	莓	苔

二、翻译"蓬头稚子学垂纶，侧坐莓苔草映身"。

三、仿写下列诗句，并请同伴点评。

> 蓬头稚子学垂纶，
> 侧坐莓苔草映身。
> ——胡令能

仿写：

点评：

四、品一品"路人借问遥招手，怕得鱼惊不应人"的儿童形象。

五、配乐朗诵胡令能的《小儿垂钓》。

剑客

（唐）贾岛

十年磨一剑，霜刃未曾试。
今日把示君，谁有不平事？

Jiànkè

(Táng) JiǎDǎo

Shínián mó yíjiàn,
shuāngrèn wèicéng shì.
jīnrì bǎ shìjūn,
shuíyǒu bù píngshì?

音频

【作者介绍】

贾岛（779—843），字阆（làng）仙，唐河北涿州人。唐代诗人，与孟郊齐名，后人以"郊寒岛瘦"比喻他们的诗歌风格。有《贾长江集》十卷。

【注释】

1. 磨：摩擦，使物锋（fēng）利、变薄（báo）或生光。
2. 霜刃：明亮锐（ruì）利的刀刃。
3. 示：给……看。
4. 不平事：不满，冤屈（yuānqū）的事情。

【现代文翻译】

花费了十年的工夫才磨成了一把宝剑，剑刃锋利无比，但还没使用过一次。今天拿出来给您瞧一瞧，看谁遇到了冤屈的事情。

【诗文解析】

诗人借"十年磨一剑"，表达了自己满腔的抱负，希望以技能实现人生的价值。"十年"表示时间久，诗人用长久的努力以积蓄力量。"霜刃"形容剑锋利无比。诗人功夫在身，只等待一个施展才能机会。诗歌语言简洁干脆，情感强烈有张力。

文件：延伸阅读

练 习

一、仿动态，摹写下列汉字。

剑	磨	霜	刃	试	示	不	平	事

二、指出"今日把示君，谁有不平事"中的隐喻。

三、仿写下列诗句，并请同伴点评。

> 十年磨一剑，
> 霜刃未曾试。
> ——贾岛

仿写：_____

_____

点评：_____

四、议一议"十年磨一剑"中的文化含义。

议论结果

五、配乐朗诵贾岛的《剑客》。

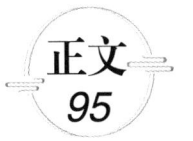

登科后

（唐）孟郊

昔日龌龊不足夸，今朝放荡思无涯。
春风得意马蹄疾，一日看尽长安花。

Dēngkē hòu

(Táng) MèngJiāo

Xīrì wòchuò bùzú kuā,
jīnzhāo fàngdàng sīwúyá.
Chūnfēngdéyì mǎtí jí,
yírì kànjìn Cháng'ānhuā.

音频

【作者介绍】

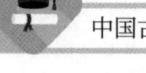

孟郊（751—814），字东野，湖州武康人，唐代著名诗人。与贾岛并称"郊寒岛瘦"（指孟郊和贾岛的诗歌语言淡素，孟郊的诗味冷，贾岛的诗重雕琢）。有《孟东野集》十卷。

【注释】

1. 登科：科举时代应考的人被录取。

2. 龌龊：不干净，气量小。

3. 不足：不值得。足，值得。

4. 放荡：四处游荡，不受约束。

5. 无涯：没有边际。

6. 春风得意：温暖的春风适合人的心意。这里指处境顺利，做事如意。

【现代文翻译】

过去局促的生活不值得夸赞，今日科举获得成功，心情愉悦，神采飞扬。迎着和煦的春风，喜不自禁，快马加鞭，一天要将长安的美景尽情欣赏。

【诗文解析】

科举考试是中国隋唐以来选拔人才的一种制度，出身贫寒家庭的人也可以通过科举考试改变人生命运。这首诗歌描写的是诗人几经科举失利，终于如愿以偿之后放松的心情和行为。"春风得意马蹄疾，一日看尽长安花。"夸张的行为正是多次参加科举考试形成的内心高压状态瞬间释放的表现。诗人形象真实、自然、恣肆。

文件：延伸阅读

练 习

一、仿动态，摹写下列汉字。

登	科	醒	醍	放	荡	春	风	得	意

二、区别"放荡"与"放肆"并造句。

区别：_____

造句：_____

三、仿写下列诗句，并请同伴点评。

> 春风得意马蹄疾，
> 一日看尽长安花。
> ——孟郊

仿写：_____
_____

点评：_____

四、评议"春风得意马蹄疾，一日看尽长安花"的诗人心理。

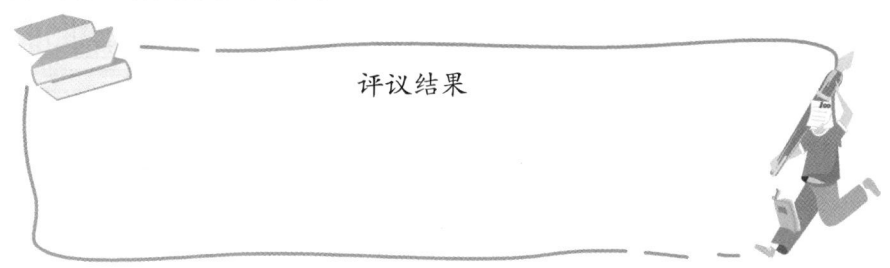

评议结果

五、配乐朗读孟郊的《登科后》。

赠花卿

（唐）杜甫

锦城丝管日纷纷，半入江风半入云。
此曲只应天上有，人间能得几回闻。

Zèng huāqīng

(Táng) DùFǔ

Jǐnchéng sīguǎn rìfēnfēn,
bànrù jiāngfēng bànrùyún.
Cǐqǔ zhǐyīng tiānshàng yǒu,
rénjiān néngdé jǐhuí wén.

音频

【作者介绍】

杜甫（712—770），唐代伟大的现实主义诗人，与李白合称"李杜"。杜甫共有约1500首诗歌被保留了下来，收集在《杜工部集》中。

【注释】

1. 花卿：成都尹崔光远的部将花敬定。
2. 丝管：丝，弦乐器。管，管乐器。
3. 纷纷：形容弦管轻柔、悠扬，错杂而又和谐的音乐效果。
4. 锦城：又叫锦官城，成都的别称。
5. 能得：能够得到。

【现代文翻译】

管弦奏出的美妙音乐，整日飘荡在锦城上空，弥散在锦江波上，也缓缓地升入白云之间，这样奇妙的乐音只能让天上的神仙享用，平民百姓难得听几次。

【诗文解析】

这首诗歌描写管弦乐队演奏出动人心弦的乐音，产生了巨大的影响力。在感叹之余，诗人委婉指出花敬定家宴使用的音乐有僭越礼教的可能。内容虚实结合。风格含蓄蕴藉（yùnjiè）。

文件：延伸阅读

练 习

一、仿动态，摹写下列汉字。

花	卿	丝	管	纷	纷	锦	城	能	得

二、翻译"锦城丝管日纷纷，半入江风半入云"。

三、仿写下列诗句，并请同伴点评。

> 此曲只应天上有，
> 人间能得几回闻。
> ——杜甫

仿写：_____

_____

点评：_____

四、评议"此曲只应天上有，人间能得几回闻"的文化含义。

评议结果

五、配乐朗诵杜甫的《赠花卿》。

听弹琴

（唐）刘长卿

泠泠七弦上，静听松风寒。
古调虽自爱，今人多不弹。

Tīng tánqín

(Táng) Liú Chángqīng

Línglíng qīxiánshàng,
jìngtīng sōngfēnghán.
Gǔdiào suī zìài,
jīnrén duō bùtán.

【作者介绍】

刘长卿（？—790），字文房，宣州（今属安徽）人，唐朝诗人，擅长五言。

【注释】

1. 泠泠：形容琴声清越。
2. 七弦：古琴有七条弦，又叫七弦琴。
3. 古调：古时候的曲调。

【现代文翻译】

七弦琴弹奏出清越的声响，令人心静，随着持续不断的琴音送到耳畔，便觉是松林中寒风阵阵。我最爱古典音乐，只是现在已很少有人弹奏啦。

【诗文解析】

这首诗极具时代价值。当时燕乐受到普遍的欢迎，雅正的汉族音乐受到冲击。"古调虽自爱，今人多不弹"，诗人感慨时人追求时髦音乐的行为，对古琴音乐文化传承的淡漠态度有些许的无奈，但依然用自己的行为实践文化传承的主张。

文件：延伸阅读

练 习

一、仿动态，摹写下列汉字。

弹	琴	泠	七	弦	古	调

二、议一议"古调虽自爱，今人多不弹"的社会现象。

议论结果

三、仿写下列诗句，并请同伴点评。

古调虽自爱，
今人多不弹。
——刘长卿

仿写：_____

_____

点评：_____

四、品一品"泠泠七弦上，静听松风寒"的意境。

_____

_____

五、配乐朗诵刘长卿的《听弹琴》。

听邻家吹笙

（唐）郎士元

凤吹声如隔彩霞,不知墙外是谁家。
重门深锁无寻处,疑有碧桃千树花。

Tīng línjiā chuīshēng

(Táng) LángShìyuán

Fèngchuīshēng rú gé cǎixiá,
bùzhī qiángwài shì shuíjiā.
Chóngmén shēnsuǒ wú xúnchù,
yíyǒu bìtáo qiānshù huā.

【作者介绍】

郎士元，生卒不详，一说（727？—780），字君胄，河北定县人。唐代诗人。

【注释】

1. 凤吹：对箫笙等管乐器的美称。凤，祭祀中通神的完美神鸟。传说中的百鸟之王。
2. 彩霞：天上的云彩。形容曲调美到极致。
3. 重门：多层门。
4. 碧桃：观赏类桃花。花色有白、粉红、红和红白相间等。

【现代文翻译】

谁家正在吹笙？这美妙的声音就像仙乐，入耳动心。忍不住想看一看吹奏的人，可是重重的大门紧锁，没法见到这神秘的吹奏人。曲子不断传入耳畔，人如进入千树桃花的世界，绚丽灿烂、目不暇接。

【诗文解析】

这首诗描写了诗人听笙乐演奏的一次经历。诗人熟练地运用了"通感"的手段，将听觉转化为视觉，使听觉形象生动具体。"凤吹声如隔彩霞"，先将笙乐的听觉感受转化为视觉享受。袅袅的乐音引发了诗人的寻找行为，但行为无果。在失望之际，音乐再次响起。"疑有碧桃千树花"，诗人再一次将听觉感受转化为视觉感受：灿若桃花且纷繁绚烂，令听者恍惚走入仙界。这种以化听觉为视觉的技巧形象地赞美了笙乐演奏者的高超技艺。

文件：延伸阅读

练　习

一、仿动态，摹写下列汉字。

笙	凤	彩	霞	重	门	碧	桃

二、扮演郎士元，讲述听声乐演奏的趣事。

三、仿写下列诗句，并请同伴点评。

> 重门深锁无寻处，
> 疑有碧桃千树花。
> ——郎士元

仿写：_____
_____

点评：_____

四、描绘"重门深锁无寻处，疑有碧桃千树花"的意境。

五、配乐朗诵背诵郎士元《听邻家吹笙》。

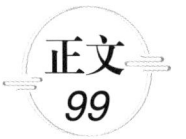

竹枝词

（唐）刘禹锡

杨柳青青江水平，闻郎江上踏歌声。
东边日出西边雨，道是无晴却有晴。

ZhúZhī cí

(Táng) LiúYǔxī

Yángliǔ qīngqīng jiāngshuǐ píng,
wénláng jiāngshàng tàgēshēng.
Dōngbiān rìchū xībiānyǔ,
dàoshì wúqíng quèyǒuqíng.

音频

竹枝词

【作者介绍】

刘禹锡（772—842），字梦得，洛阳（今属河南）人。唐朝时期的文学家、哲学家，诗歌富有张力，有"诗豪"之称。诗文俱佳，与柳宗元并称"刘柳"，与韦应物、白居易合称"三杰"，并与白居易合称"刘白"。有《刘宾客文集》存世。

【注释】

1. 竹枝词：巴渝民歌中的一种，唱时，笛、鼓相伴，集体起舞。
2. 踏歌：唱歌，集体起舞，边歌边舞。
3. 道是：说是。
4. 晴：晴，晴天。谐音双关，晴即是情。

【现代文翻译】

江岸上青青的杨柳迎风飘荡，平静的江水缓缓流淌。忽然间，我听到江岸上传来暗恋好久的人熟悉的歌声，心怦怦跳个不停。在这黄梅天里。东边是朗日晴空，西边却细雨霏霏，到底是晴天还是雨天啊，也不知道他是否对我也有意思。

【诗文解析】

这首诗歌通过黄梅天的阴晴不定，暗示情窦初开的少女对男子的情感难以把握的苦恼。以当地民歌的形式出现，亲切感人。"晴"与"情"谐音双关，含蓄有趣。

文件：延伸阅读

练 习

一、仿动态，摹写下列汉字。

踏	歌	道	是	无	晴

二、扮演少女，讲一段青涩的相思故事。

三、仿写下列诗句，并请同伴点评。

> 东边日出西边雨，
> 道是无晴却有晴。
> ——刘禹锡

仿写：_____
_____

点评：_____

四、品一品"东边日出西边雨，道是无晴却有晴"中同音的艺术。
_____
_____

五、配乐朗诵刘禹锡的《竹枝词》。

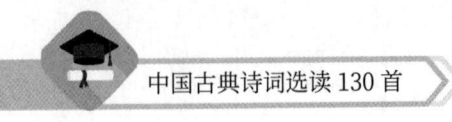

回乡偶书

（唐）贺知章

少小离家老大回，乡音无改鬓毛衰。
儿童相见不相识，笑问客从何处来。

Huíxiāng ǒushū

(Táng) Hè Zhīzhāng

Shàoxiǎo líjiā lǎodà huí,
xiāngyīn wúgǎi bìnmáocuī.
Értóng xiāngjiàn bù xiāngshí,
xiàowèn kè cóng héchù lái.

音频

回乡偶书

【作者介绍】

贺知章（659—744），字季真，晚年自号"四明狂客"，越州永兴（浙江杭州萧山区）人。唐代诗人、书法家。有《贺秘监集》一卷传世。

【注释】

1. 偶书：偶然间书写人生的感悟。
2. 少小：年纪不大。
3. 乡音：家乡的口音。
4. 鬓毛：靠近耳朵的头发。
5. 衰：减少。
6. 相识：相互认识。

【现代文翻译】

我离开家乡时年龄还小，返回家乡时已两鬓斑白了。村里的儿童见了不熟悉的面孔，微笑着好奇地问我，客人是从哪里来的。

【诗文解析】

诗人用朴实无华的语言叙述了自己告老还乡之后发生的趣事，抒发了重返故乡的内心感慨。中国的乡村多以同姓人聚集在村落里一起生活，彼此熟悉。诗人36岁考中进士后，离开家乡，走入仕途，到86岁才退休回家。回家不久，出现了戏剧性的一幕："儿童相见不相识，笑问客从何处来。"诗中儿童的问话让诗人反主为客。但刹住的语言不知诗人何以作答。儿童的稚嫩可爱与诗人沧桑的面容相对，构成了有趣的画面。

文件：延伸阅读

练 习

一、仿动态，摹写下列汉字。

偶	书	少	小	乡	音	鬓	毛	衰	相	识

二、扮演老年贺知章，讲述一个啼笑皆非的趣事。

三、仿写下列诗句，并请同伴点评。

> 儿童相见不相识，
> 笑问客从何处来。
> ——贺知章

仿写：_____
_____

点评：_____

四、评议"少小离家老大回，乡音无改鬓毛衰"中诗人的心理。

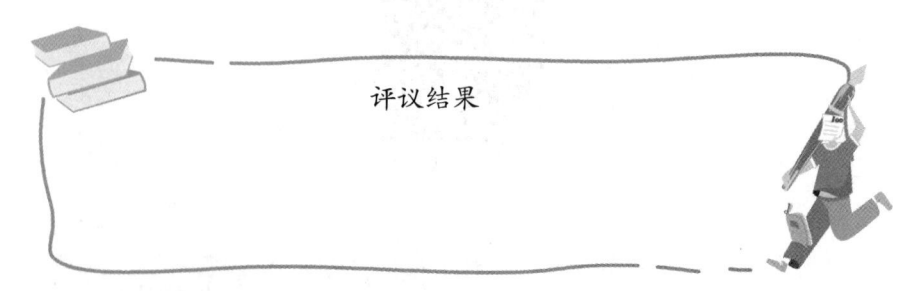

评议结果

五、配乐朗诵贺知章的《回乡偶书》。

正文 101

近试上张水部

（唐）朱庆馀

洞房昨夜停红烛，待晓堂前拜舅姑。
妆罢低声问夫婿，画眉深浅入时无。

JìnshìshàngZhāngshuǐbù

(Táng) ZhūQìngyú

Dòngfáng zuóyè tíng hóngzhú,
dàixiǎo tángqián bài jiùgū.
Zhuāngbà dīshēng wèn fūxù,
huàméi shēnqiǎn rù shíwú.

【作者介绍】

朱庆馀,名可久,字庆馀,浙江绍兴人,唐代诗人,《全唐诗》存其诗两卷。

【注释】

1. 洞房:新婚夫妇的居室。
2. 红烛:红色的蜡烛,喜庆之意。
3. 堂:正房,高大敞亮的房屋。古时一般为辈分高的人(父母或祖父母)的居室。
4. 舅姑:公公婆婆。
5. 入时:时髦,时尚。

【现代文翻译】

昨天晚上新房里点亮了红红的蜡烛,今天天一亮新娘就要去堂屋里拜见公公婆婆。新娘精心地梳洗打扮了一番,小声问丈夫,我画的妆容漂亮吗?时尚吗?

【诗文解析】

隋唐时期考试不糊名,参加科举考试的人,在考试前把自己作的诗文写成卷轴,投送朝中显贵,叫行卷,就是自我推荐以引起重视。这首诗是朱庆馀的行卷。诗歌将自己比作一个刚出嫁的新娘,将张籍比作新郎。新娘按规矩要向公婆请安,在梳妆打扮后问新郎自己是否新潮漂亮。真实的意思是问水部侍郎张籍,自己的才华是否能得到考官的肯定。诗歌构思巧妙,画面生动,语言风趣。

文件:延伸阅读

练 习

✏️ 一、仿动态，摹写下列汉字。

洞	房	停	红	烛	堂	舅	姑	入	时

👨‍🏫 二、介绍"洞房昨夜停红烛，待晓堂前拜舅姑"的婚俗。

✏️ 三、仿写下列诗句，并请同伴点评。

> 妆罢低声问夫婿，
> 画眉深浅入时无。
> ——朱庆馀

仿写：_____

点评：_____

👨‍🏫 四、评议"妆罢低声问夫婿，画眉深浅入时无"的文化含义。

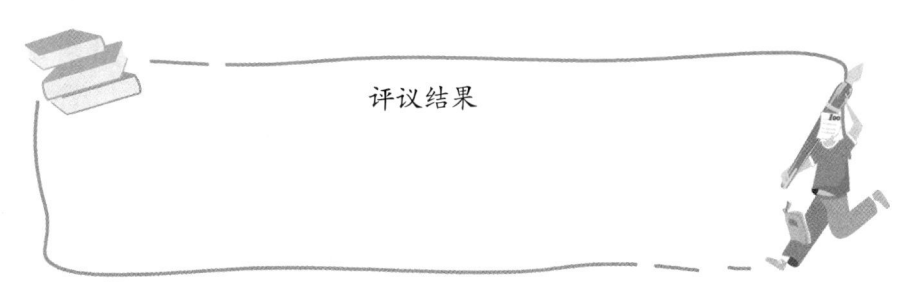

评议结果

🔊 五、配乐朗诵朱庆馀的《近试上张水部》。

酬朱庆馀

（唐）张籍

越女新妆出镜心，自知明艳更沉吟。
齐纨未是人间贵，一曲菱歌敌万金。

Chóu ZhūQìngyú

(Táng) ZhāngJí

Yuènǔ xīnzhuāng chūjìngxīn,
zìzhī míngyàn gèng chényín.
Qíwán wèishì rénjiān guì,
yìqǔ línggē dí wànjīn.

【作者介绍】

张籍（772？—830），字文昌，安徽和县乌江镇人。唐代诗人，乐府诗与王建齐名，并称"张王乐府"。

【注释】

1. 酬：交际往来。酬答。
2. 越女：古代越国多出美女，这里泛指越地美女。
3. 沉吟：迟疑不决。
4. 齐纨：齐地出产的白细绢。这里泛指名贵的丝织品。
5. 未是：不是。
6. 菱歌：采菱歌。
7. 敌：匹敌，相当。

【现代文翻译】

美丽的越女刚刚经过精心打扮走出鉴湖，自己明白自己漂亮艳丽，但还在迟疑不决。齐国产的服饰未必最贵气，越女唱一支采菱歌抵得上万金呢。

【诗文解析】

这首张籍回赠朱庆馀的诗，以越女喻朱庆馀，高度肯定朱庆馀的才干，预言他一定能取得成功。果然当年（762）朱庆馀金榜题名。"越女新妆出镜心""一曲菱歌敌万金"前者欣赏越女的美丽容颜，引人注目，后者赞叹越女歌喉婉转，打动人心。朱庆馀本来自南方，诗人借此肯定了朱庆馀才学出众，准备充分。诗人以性别的转换为手段，将严肃庄重的话题，叙写得活泼有趣，诗歌含蓄有韵致。

文件：延伸阅读

练 习

一、仿动态，摹写下列汉字。

酬	越	女	沉	吟	齐	纨	菱	歌	敌

二、翻译"越女新妆出镜心，自知明艳更沉吟"。

三、仿写下列诗句，并请同伴点评。

> 齐纨未是人间贵，
> 一曲菱歌敌万金。
> ——张籍

仿写：_____

点评：_____

四、评一评"齐纨未是人间贵，一曲菱歌敌万金"的含蓄美。

评议结果

五、配乐朗诵张籍的《酬朱庆馀》。

正文 103

秋 夕

（唐）杜牧

银烛秋光冷画屏，轻罗小扇扑流萤。
天阶夜色凉如水，坐看牵牛织女星。

Qiū xī

(Táng) DùMù

Yínzhú qiūguāng lěng huàpíng,
qīngluó xiǎoshàn pū liúyíng.
Tiānjiē yèsè liáng rúshuǐ,
zuòkàn qiānniú zhīnǚ xīng.

【作者介绍】

杜牧（803—852？），字牧之，号樊川居士，京兆万年（今陕西西安）人。唐代杰出的诗人、散文家，诗歌众体兼工。著有《樊川文集》。

【注释】

1. 秋夕：秋天的夜晚。
2. 银烛：银色的蜡烛。
3. 画屏：画着图案的屏风。屏风，桌子上的装饰品。
4. 轻罗小扇：轻巧的丝质团扇。
5. 流萤：飞动的萤火虫。
6. 天阶：露天的石阶。

【现代文翻译】

秋天的夜晚，银色的蜡烛映照着桌上绘有画儿的屏风，宫女拿着丝质的小扇，一下又一下扑打着飞来飞去的萤火虫，宫殿里的石阶上清凉如水，夜深了，宫女还坐在台阶上看着天上的闪烁的牵牛织女星。

【诗文解析】

这是一首宫怨诗。诗歌描写了秋天深宫里的一个角落，表现了宫女孤独寂寞的生活。诗歌取"冷"字贯通全篇，"银烛秋光冷画屏""流萤""水"都是冷的，牛郎织女的爱情是悲惨的。但每年的七月七日，他们还可以鹊桥相会，宫女则一生难得见君王，两相比较，凸显了宫女的孤独与无望。由此，诗歌从第三者的视角，表达了对宫女无聊无望生活的同情。

文件：延伸阅读

练 习

一、仿动态，摹写下列汉字。

秋	夕	银	烛	画	屏	轻	罗	流	萤	阶

二、翻译"银烛秋光冷画屏，轻罗小扇扑流萤"。

三、仿写下列诗句，并请同伴点评。

> 天阶夜色凉如水，
> 坐看牵牛织女星。
> ——杜牧

仿写：_____

_____

点评：_____

四、评议"天阶夜色凉如水，坐看牵牛织女星"的深层含义。

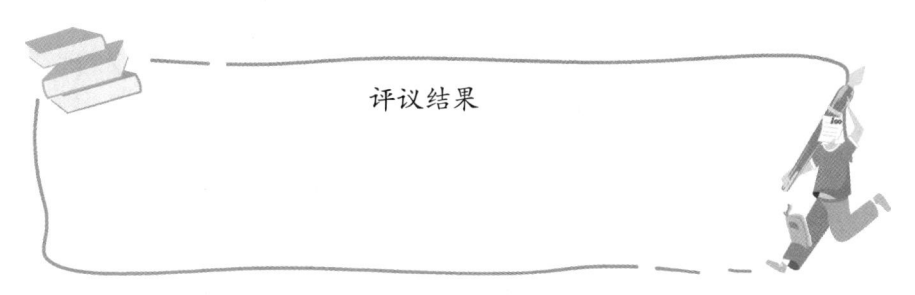

评议结果

五、配乐朗诵杜牧的《秋夕》。

淮上渔者

（唐）郑谷

白头波上白头翁，家逐船移浦浦风。
一尺鲈鱼新钓得，儿孙吹火荻花中。

HuáiShàng yúzhě

(Táng) ZhèngGǔ

Báitóubōshàng báitóuwēng,
jiāzhú chuányí pǔpǔfēng.
Yìchǐ lúyú xīn diàodé,
érsūn chuīhuǒ díhuā zhōng.

【作者介绍】

郑谷（851？—910？），字守愚，江西宜春市袁州区人，唐末著名诗人。诗多写景咏物。《全唐诗》录有其诗。

【注释】

1. 淮：淮河。
2. 白头波：江上涌起的白色浪花。
3. 浦浦风：指水边的风。浦，水边或河流入海的地区。
4. 鲈鱼：一种淡水鱼类。体长侧扁，下颌长于上颌。肉质洁白肥嫩，细刺少、味道鲜美，含丰富的蛋白质和维生素。
5. 荻花：生长在水边的植物，形状像芦苇，花呈紫色。

【现代文翻译】

　　江中一排排白浪涌起，一个白发苍苍的老者自如地在浪上弄潮。江风不断掀动着船儿，船儿行到哪儿，哪儿就是他的家。刚刚钓上一尺来长的美味鲈鱼，儿孙们就迫不及待地将芦花堆成堆，点起火来烤鱼吃。

【诗文解析】

　　这首诗歌描写的是捕鱼为业，逐水而居的渔家生活，辛苦却不乏乐趣。"白头波上白头翁，家逐船移浦浦风"，老渔翁常年在浪尖上讨生活，全家人以船为家。"一尺鲈鱼新钓得，儿孙吹火荻花中。"钓得了美味时，老老少少齐动手，在水边芦花地里起灶烧火享受收获的快乐。诗歌明白晓畅，画面生动活泼，风格自然天成。

文件：延伸阅读

练 习

一、仿动态，摹写下列汉字。

淮	波	翁	移	浦	鲈	鱼	荻	花

二、品一品"白头波上白头翁，家逐船移浦浦风"中画面美。

三、仿写下列诗句，并请同伴点评。

> 一尺鲈鱼新钓得，
> 儿孙吹火荻花中。
> ——郑谷

仿写：＿＿

点评：＿＿＿＿＿＿＿＿＿＿＿＿＿＿＿＿＿＿＿＿＿＿＿＿＿＿＿＿＿＿＿＿

四、评议"一尺鲈鱼新钓得，儿孙吹火荻花中"的生活乐趣。

评议结果

五、配乐朗诵郑谷的《淮上渔者》。

南 池

（唐）李郢

小男供饵妇搓丝，溢榼香醪倒接䍦。
日出两竿鱼正食，一家欢笑在南池。

Nán Chí

(Táng) Lǐ Yǐng

Xiǎonán gòng'ěr fù cuōsī,
yìkē xiānglǎo dǎojiēlí.
Rìchū liǎnggān yú zhèngshí,
yìjiā huānxiào zài nánchí.

南池

【作者介绍】

李郢（生卒不详），字楚望，陕西西安人，晚唐诗人。诗作多写景状物，风格老练沉郁。

【注释】

1. 饵：钓鱼的鱼食。
2. 搓：手拿一种东西在另一种东西上产生摩擦（mócā）。这里指把丝线拿在手里反复摩擦。
3. 榼：盛酒贮水的器具。这里指酒器。
4. 香醪：醪，浊酒，汁滓混合的酒。
5. 罻：柔软的丝织品，这里指男人的头巾。

【现代文翻译】

小儿子准备着味浓的鱼食，妇人手里反复搓着钓丝，男人身边是一壶香气扑鼻的稠酒，有意思的是他的头巾倒着扎呢。日上两竿正是鱼咬饵的时候，一家人在南池边说笑着钓鱼呢。

【诗文解析】

这首诗歌写的是平常百姓的幸福生活：一家人在南池钓鱼，简单而温馨。诗中的动词"供""搓""接"等，使得画面生机勃勃。语言朴素浅白，但故事真实动人。

文件：延伸阅读

练习

一、仿动态，摹写下列汉字。

饵	搓	溢	榼	醪	醨	竿	食

二、描绘"小男供饵妇搓丝，溢榼香醪倒接䍦"有趣的场景。

三、仿写下列诗句，并请同伴点评。

> 日出两竿鱼正食，
> 一家欢笑在南池。
> ——李郢

仿写：_____

_____

点评：_____

四、议一议"日出两竿鱼正食,一家欢笑在南池"的文化含义。

议论结果

五、配乐朗诵李郢的《南池》。

闺 怨

（唐）王昌龄

闺中少妇不知（曾）愁，春日凝妆上翠楼。
忽见陌头杨柳色，悔教夫婿觅封侯。

Guī yuàn

(Táng) WángChānglíng

Guīzhōng shàofù bùzhī (céng)chóu,
chūnrì níngzhuāng shàngcuìlóu.
Hūjiàn mòtóu yángliǔsè,
huǐjiào fūxù mì fēnghóu.

音频

闺怨

【作者介绍】

王昌龄（694？—756？），字少伯，京兆万年（今陕西西安）人，盛唐著名诗人。与李白、高适、王维、王之涣、岑参等人交往深厚。他的诗以七绝见长，尤以边塞诗最为著名。《全唐诗》有诗四卷。

【注释】

1. 凝妆：盛装，华丽的妆扮。
2. 翠楼：高楼，古时富贵人家的楼一般饰以青色。
3. 陌头：路上，路边。
4. 封侯：封得爵位。古代封得爵位即能够享有世代富贵。

【现代文翻译】

深闺中的女子从未曾有发愁的事。春日里，天气晴好，于是，精心梳妆一番，登上自家高楼，观赏春天的美景。忽然看见路边翠绿的杨柳在春风中飘荡，折柳送别夫婿时的情景涌上了心头，后悔教夫婿到遥远的地方去谋求功名而让夫妻分离。

【诗文解析】

诗人善于描写闺阁思妇的心理，使得诗歌细腻感人。诗歌由少妇轻松愉悦的"不曾愁"开始，"凝妆""上翠楼"是内心愉悦所做出行为，直到看到"杨柳色"时心中产生了变化，春天可以联想到青春的美好但时光短暂，于是，女子"悔"教夫婿选择建功立业，而造成彼此分离的痛苦。诗歌随少妇情绪的变化截然分为两个部分，前一部分节奏轻快舒朗，后一部分迅速截断，从而留下余韵。

文件：延伸阅读

练 习

一、仿动态，摹写下列汉字。

凝	妆	翠	楼	陌	头	悔	封	侯

二、翻译"闺中少妇不曾愁，春日凝妆上翠楼"。

三、仿写下列诗句，并请同伴点评。

> 忽见陌头杨柳色，
> 悔教夫婿觅封侯。
> ——王昌龄

仿写：_____
_____

点评：_____

四、品一品"忽见陌头杨柳色，悔教夫婿觅封侯"中少妇的心理。

五、配乐朗诵王昌龄的《闺怨》。

春闺思

（唐）张仲素

袅袅城边柳，青青陌上桑。
提笼忘采叶，昨夜梦渔阳。

Chūnguī sī

(Táng) ZhāngZhòngsù

Niǎoniǎo chéngbiān liǔ,
qīngqīng mòshàng sāng.
Tílóng wàng cǎi yè,
zuóyè mèng yú yáng.

音频

【作者介绍】

张仲素（约769—约819），字绘之，安徽宿州人，唐代诗人，善于描写征夫及女性情绪。

【注释】

1. 袅袅：纤长柔美貌。
2. 陌：田间小路。
3. 笼：用竹片、木条编成的盛物器，篮子。
4. 渔阳：隋代后，渔阳为天津蓟州区，诗歌意象中一般为征戍之地。

【现代文翻译】

城边的柳枝在春风中轻柔地摆动，田间小路上，桑树娇嫩的绿叶正在伸展。思妇手提着篮子在路边呆呆伫立，满脑子是挥不去的昨夜梦中戍守边关的丈夫的影子，早已忘记了采桑叶的事儿。

【诗文解析】

诗歌描绘了一个思妇想念戍守边关的丈夫的痴痴伫立的形象。全篇围绕"春闺思"的主题，先从春天的秀丽景色起笔，"袅袅城边柳，青青陌上桑"构成故事背景，接着点明思妇出现在画面中就是为了采桑养蚕，与上文相连。而"提笼忘采叶"失神的情态是思妇的形象特写，最后，揭示思妇失神的原因。语言虽然简短，而内容丰富。诗歌借助思妇的形象含蓄表现了诗人对战争的痛恨，对百姓不幸生活的同情。

文件：延伸阅读

练 习

一、仿动态，摹写下列汉字。

袅	袅	陌	提	笼	梦	渔	阳

二、猜一猜"提笼忘采叶，昨夜梦渔阳"中人物身份。

三、仿写下列诗句，并请同伴点评。

> 袅袅城边柳，
> 青青陌上桑。
> ——张仲素

仿写：_____

点评：_____

四、评议"袅袅城边柳，青青陌上桑"中叠字的情感价值。

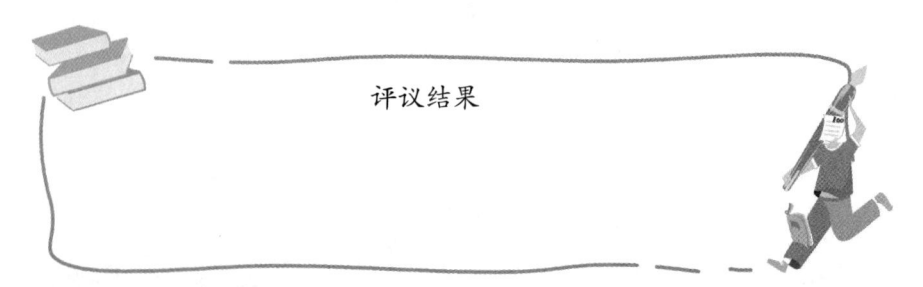

评议结果

五、配乐朗诵张仲素的《春闺思》。

正文 108

长干行

（唐）李白

妾发初覆额，折花门前剧。
郎骑竹马来，绕床弄青梅。
同居长干里，两小无嫌猜。
十四为君妇，羞颜未尝开。
低头向暗壁，千唤不一回。
十五始展眉，愿同尘与灰。
常存抱柱信，岂上望夫台。
十六君远行，瞿塘滟滪堆。
五月不可触，猿声天上哀。
门前迟行迹，一一生绿苔。
苔深不能扫，落叶秋风早。
八月蝴蝶来，双飞西园草。
感此伤妾心，坐愁红颜老。
早晚下三巴，预将书报家。
相迎不道远，直至长风沙。

Chánggān xíng

(Táng) LǐBái

Qièfà chū fù'é , zhéhuā ménqián jù.

Láng qí zhúmǎ lái, ràochuáng nòng qīngméi.
Tóngjū zhánggānlǐ, liǎngxiǎo wú xiáncāi.
Shísì wéi jūnfù, xiūyán wèichángkāi.
Dītóu xiàng ànbì, qiānhuàn búyìhuí.
Shíwǔ shǐ zhǎnméi, yuàntóng chényǔhuī.
Chángcún bàozhùxìn, qǐshàng wàngfūtái.
Shíliù jūnyuǎnxíng, qútáng yànyùduī.
Wǔyuè bùkě chù, yuánshēng tiānshàng āi.
Ménqián chíxíngjì, yīyī shēnglǜtái.
Táishēn bùnéngsǎo, luòyè qiūfēngzǎo.
Bāyuè húdiélái, shuāngfēi xīyuáncǎo.
Gǎncǐ shāngqièxīn, zuòchóu hóngyánlǎo.
Zǎowǎn xiàsānbā, yùjiāng shūbàojiā.
Xiāngyíng búdàoyuǎn, zhízhì chángfēngshā.

长干行

【作者介绍】

李白（701—762），字太白，号青莲居士，又号"谪仙人"，唐代伟大的浪漫主义诗人，被后人誉为"诗仙"，与杜甫并称为"李杜"。创造了古代浪漫主义文学的高峰，歌行体和七绝达到后人难及的高度。有《李太白集》传世。

【注释】

1. 覆额：年龄小。头发盖住额头。
2. 竹马：儿童玩具，骑竹当作骑马。
3. 嫌猜：猜疑。
4. 抱柱信：对相互约定的坚守。
5. 不道：不管不顾。

【现代文翻译】

记得我的头发刚盖住额头的时候，我们玩折花的游戏。你常骑着竹马来，我们围着井栏扔青梅。我们从小在一个巷子里生活，从来不猜疑。十四岁的时候嫁给了你，我很害羞，低头向着墙壁，怎么叫都不回头。十五岁时，我才展开了皱着的眉头，愿与你同生死。十六岁时你要逆江而上做事去。那个地方环境恶劣又危险。我在家等待你，但总不见你的信息。门前都长出了绿色的苔藓，时间久了，清理不干净了。看到蝴蝶双双飞进园子，我心生感伤，发愁等你把我就等老了。什么时候你能回来，一定提前告诉我，不管多远我去迎接你。

【诗文解析】

诗歌以长干里的一个女性的口吻，讲述了女子与丈夫从相识到婚嫁再到依恋的过程。反映了一个女子成长的心路历程。情感细腻，令人动容。

文件：延伸阅读

练 习

一、仿动态，摹写下列汉字。

覆	折	梅	居	猜	羞	尘	望	蝴	蝶	预

二、扮演少妇，讲述爱情的故事。

三、仿写下列诗句，并请同伴点评。

> 同居长干里，
> 两小无嫌猜。
> ——李白

仿写：_____

_____

点评：_____

四、评议数量词体现的时间价值。

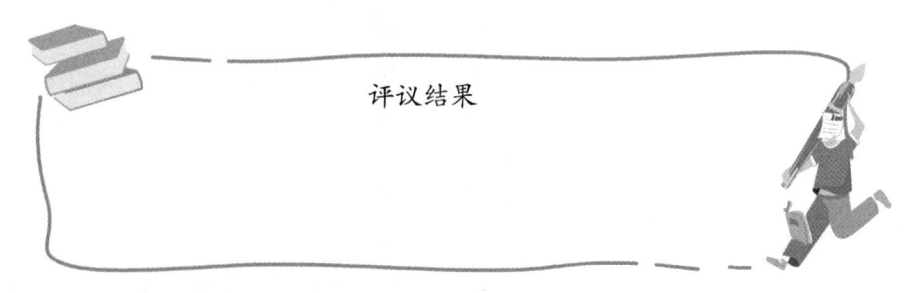

评议结果

五、配乐朗诵李白的《长干行》。

正文 109

悯农·其二

（唐）李绅

锄禾日当午，汗滴禾下土。
谁知盘中餐，粒粒皆辛苦？

Mǐnnóng · Qí'èr

(Táng) LǐShēn

Chúhé rìdāngwǔ, hàndī héxiàtǔ.
Shuízhī pánzhōngcān, lìlì jiēxīnkǔ?

【作者介绍】

李绅（772—846），字公垂，安徽省亳（bó）州市谯（qiáo）城区古城镇人，唐朝诗人。

【注释】

1. 悯农：同情农民。悯：怜悯，同情。
2. 锄禾：给栽种的庄稼（jia）松土。锄，松土除草的农具。禾：谷物的统称。
3. 当：正。
4. 谁知：有谁知道。

【现代文翻译】

农民在田里劳作时正是太阳直射头顶的时候，滴滴汗水不断洒落在禾苗下的土地里。可是，有谁会关注到餐盘中的食物，是农民辛苦劳动的结晶呢。

【诗文解析】

诗歌用简短朴实的白描式语言，描摹了农民劳动的细节，"锄禾日当午，汗滴禾下土"，揭示出粮食来之不易，告诫人们需珍惜粮食的主题，反映了诗人对劳动者的同情心理。"谁知盘中餐，粒粒皆辛苦"的反问式表达，联系前文的劳动场景，则是对浪费粮食的行为旗帜鲜明的批评，诗歌通篇感情真挚又淳朴自然。

文件：延伸阅读

练 习

一、仿动态，摹写下列汉字。

悯	农	锄	禾	当	汗	滴	谁	知

二、翻译"锄禾日当午，汗滴禾下土"。

_____

三、仿写下列诗句，并请同伴点评。

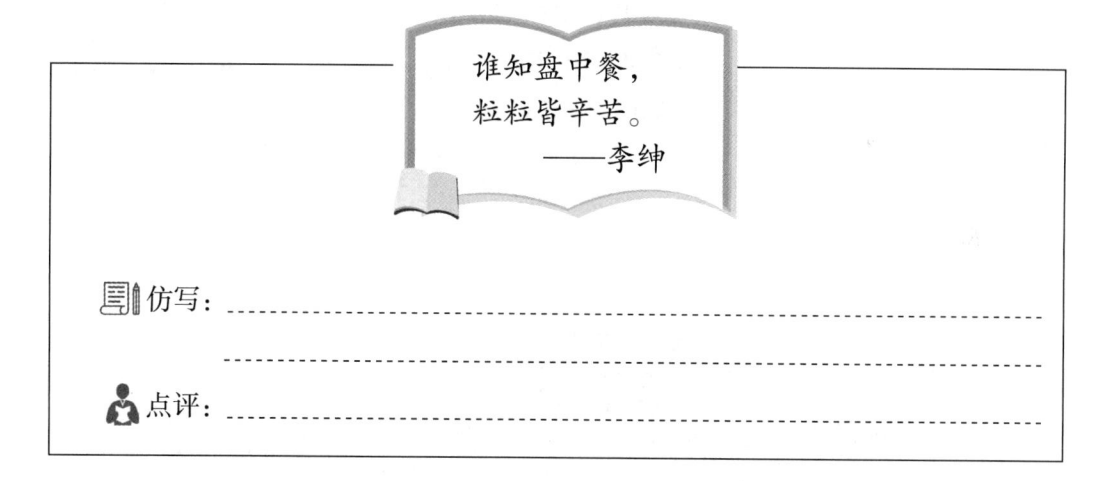

> 谁知盘中餐，
> 粒粒皆辛苦。
> ——李绅

仿写：_____
_____

点评：_____

四、评一评"谁知盘中餐，粒粒皆辛苦"中的修辞艺术。

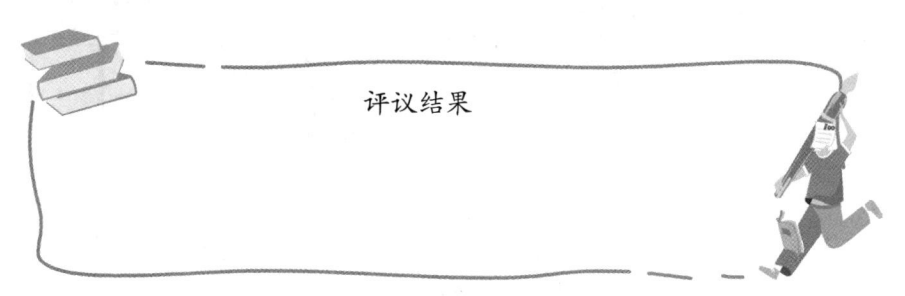

评议结果

五、配乐朗诵李绅的《悯农》。

蚕 妇

（宋）张俞

昨日入城市，归来泪满巾。
遍身罗绮者，不是养蚕人。

Cán fù

(Sòng) Zhāng Yù

Zuórì rùchéngshì,
guīlái lèimǎnjīn.
Biànshēn luóqǐzhě,
búshì yǎngcánrén.

【作者介绍】

张俞，字少愚，号白云先生，四川成都郫都区人，北宋文学家。

【注释】

1. 蚕妇：养蚕的妇女。蚕，一种昆虫，吐出的丝是重要的纺织原料，用来纺织绸缎。
2. 市：做买卖或买卖货物的地方。
3. 巾：擦拭用的小块布料。
4. 罗绮：丝绸做的衣裳。罗，颜色素淡或者质地较细的丝织品。绮，有花纹或者图案的丝织品。

【现代文翻译】

昨天到城里去卖丝线，等回到家里，心中愤愤不平，泪水把手巾都弄湿了。我看到，全身穿着绫罗绸缎的人没有一个是养蚕人。

【诗文解析】

诗人借助一个养蚕的妇女到城里卖丝时的发现："遍身罗绮者，不是养蚕人"，反映了残酷的社会现实：劳动者终日辛勤劳动却无衣无食，不劳动者却享有社会的财富。表达了诗人对劳动者深切同情和对不平等的现实社会的强烈不满。语言直白朴素。诗中人物形象真实感人。

文件：延伸阅读

练 习

一、仿动态，摹写下列汉字。

蚕	妇	市	巾	身	罗	绮	养

二、指出"昨日入城市，归来泪满巾"表达方式。

三、仿写下列诗句，并请同伴点评。

> 昨日入城市，
> 归来泪满巾。
> ——张俞

仿写：_____
_____

点评：_____

四、评议"遍身罗绮者，不是养蚕人"的心理活动。

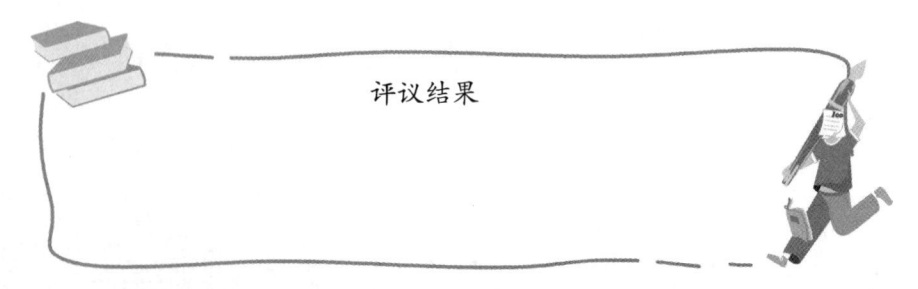

评议结果

五、配乐朗诵张俞的《蚕妇》。

第五章　吟节俗

正文 111

正月十五夜灯

（唐）张祜

千门开锁万灯明，正月中旬动帝京。
三百内人连袖舞，一时天上著词声。

Zhēngyuè Shíwǔ Yèdēng

(Táng) ZhāngHù

Qiānménkāisuǒ wàndēngmíng,
zhēngyuèzhōngxún dòngdìjīng.
Sānbǎinèirén liánxiùwǔ,
yìshítiānshàng zhuócíshēng.

音频

【作者介绍】

张祜（hù）（792?—853），字承吉，清河（今属河北）人，一说南阳（今河南邓州市）人，唐代诗人。《全唐诗》收录其数百首诗歌。

【注释】

1. 开锁：打开门，指人们走出家门。
2. 中旬：每月十一日到二十日的十天。这里指元宵节。
3. 帝京：这里指长安城。帝，皇帝。"京"的古字形像高大的建筑物。
4. 连袖舞：形容跳舞的人众多。
5. 著词：这里指歌声响彻云霄。著，明显，显著。

【现代文翻译】

元宵节这一天的夜晚，家家户户走出家门，呼朋引伴上街观灯。街道两旁火树银花，灯火辉煌。街道上人头攒动，热闹非凡。皇宫内更是灯火通明，三百多号宫女连袖起舞，一时间，歌声直冲云霄。

【诗文解析】

元宵节是唐代法定的灯节。诗人以大开大合的笔法描写了气势恢宏（huīhóng）的元宵节场景，举国（jǔguó）都沉浸（chénjìn）在欢乐的节日气氛之中。既有俯瞰（fǔkàn）的全景，又有特写的镜头，反映了当时唐朝的文明水平。

文件：延伸阅读

练 习

一、仿动态，摹写下列汉字。

开	锁	中	旬	帝	京	连	袖	舞	著	词

二、拍摄中国元宵节的街道景观，配诗句"千门开锁万户明，正月中旬动帝京"。

三、仿写下列诗句，并请同伴点评。

> 千门开锁万灯明，
> 正月中旬动帝京。
> ——张祜

仿写：_____

_____

点评：_____

四、介绍中国元宵节节日的历史及节俗活动。

_____

_____

五、配乐朗诵张祜的《正月十五夜灯》。

正月十五夜

（唐）苏味道

火树银花合，星桥铁锁开。
暗尘随马去，明月逐人来。
游伎皆秾李，行歌尽落梅。
金吾不禁夜，玉漏莫相催。

Zhēngyuè Shíwǔyè

(Táng) SūWèidào

Huǒshù yínhuā hé, xīngqiáo tiěsuǒ kāi.
Ànchén suímǎ qù, míngyuè zhúrén lái.
Yóujì jiē nónglǐ, xínggē jìn luòméi.
Jīnwú bù jìnyè, yùlòu mò xiāngcuī.

【作者介绍】

苏味道（648—705），赵州栾城（今属河北）人。唐代诗人，诗歌用语含蓄，用事典雅。《全唐诗》录其诗一卷。

【注释】

1. 火树银花：指元宵节的夜晚绚丽灿烂的灯光和焰火。
2. 星桥：星津桥。洛水流到皇城端门外分为三道，上面架桥，南为星津桥，中为天津桥，北为黄道桥。
3. 铁锁开：指京城开禁。唐时，京城每天晚上都要戒严，但正月十四、十五、十六例外。
4. 暗尘：暗中飞扬的尘土。
5. 秾李：巡游的歌伎们盛装出行，妆容俏丽。
6. 落梅："梅花落"，古代笛子曲中的代表。
7. 玉漏：玉壶，古代宫中计时器的美称，也叫铜壶滴漏。

【现代文翻译】

正月十五的夜晚，洛阳城灯火辉煌，城门打开了铁锁。灯光照彻了星津桥，打马经过处，尘土飞扬，连天空中的明月都追逐着欢乐的人群。一阵悠扬的"梅花落"在热闹的空气中穿行，人群便向笛声的方向涌动，凑上前去，只见边歌边舞的歌伎们个个浓妆打扮，服饰艳丽，正在街上巡游呢。在这彻夜欢歌的时分，没有谁会催你回家。

【诗文解析】

这首诗描绘了神龙元年（705年）上元夜洛阳百姓观灯的景象。诗中特别写道："新桥铁锁开"，按律，正月十五放假三天，京城开禁，城门打开，普天同庆。诗歌热情地赞颂了当时的唐朝盛世。这是诗人在正月十五夜参加诗歌比赛中的夺冠之作。

文件：延伸阅读

练 习

一、仿动态，摹写下列汉字。

火	树	银	花	星	桥	铁	锁	暗	尘

二、扮演苏味道，讲述元宵节观灯的故事。

三、仿写下列诗句，并请同伴点评。

> 暗尘随马去，
> 明月逐人来。
> ——苏味道

仿写：_____

_____

点评：_____

四、评议"暗尘随马去，明月逐人来"的对偶艺术。

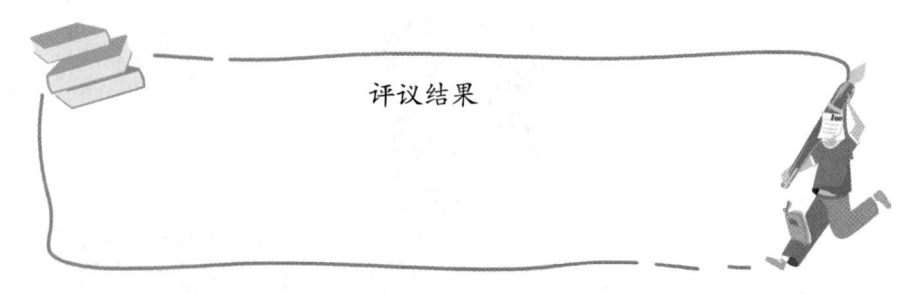

评议结果

五、配乐朗诵苏味道的《正月十五夜》。

正文 113

元 宵

（明）唐寅

有灯无月不娱人，有月无灯不算春。
春到人间人似玉，灯烧月下月如银。
满街珠翠游村女，沸地笙歌赛社神。
不展芳尊开口笑，如何消得此良辰。

YuánXiāo

(Míng) TángYín

Yǒudēngwúyuè bùyúrén, yǒuyuèwúdēng búsuànchūn.
Chūndàorénjiān rénsìyù, dēngshāoyuèxià yuèrúyín.
Mǎnjiēzhūcuì yóucūnnǚ, fèidìshēnggē sàishèshén.
Bùzhǎnfāngzūn kāikǒuxiào, rúhéxiāodé cǐliángchén.

【作者介绍】

唐寅（1470—1523），字伯虎，号六如居士，长洲（今江苏省苏州）人，明朝著名画家、书法家、诗人。与祝允明、文徵明、徐祯卿（zhēngqīng）并称"吴中四才子"。有《唐伯虎全集》六卷存世。

【注释】

1. 元宵：指元宵节。是中国的传统节日之一，时间为每年农历正月十五。古人称"夜"为"宵"，正月十五夜是一年中第一个月圆之夜，所以称正月十五为"元宵节"。
2. 珠翠：珍珠翠玉，这里指身着盛装的女子。
3. 沸地：形容节日气氛热闹的景象。沸，液体受热到一定温度时，内部发生气泡，表面翻滚（fāngǔn），变成蒸汽。
4. 笙歌：吹笙，歌唱。笙，一种有簧的管乐器。
5. 赛社神：社神，土地神。古代每逢社日（分春社，秋社两种）有祭祀土地神，祈祝丰收的习俗。
6. 芳尊：散发美酒香气的酒杯。尊，酒器。
7. 消得：享受，享用。

【现代文翻译】

这样的夜晚，有灯无月不让人开心，有月无灯不算过春节，春到人间，人人美丽如玉，燃灯观月，圆月明亮如银。村子里到处游走着盛装的女子，热闹处尽是载歌载舞的赛社神的男子。这时不满面笑容喝两杯，怎能享用这美好的日子呢。

【诗文解析】

诗人以欣赏的态度描绘了乡村过元宵节、赛社神的盛况，赞美了月下村女的喜气洋洋，青年男子勃勃青春。以诗人喝酒享乐结尾。全首诗洋溢着过节的快乐气氛。

文件：延伸阅读

练 习

一、仿动态，摹写下列汉字。

元	宵	珠	翠	沸	地	笙	歌	芳	尊	良	辰

二、拍摄到中国友人家里过元宵节的视频并配文字解说。

三、仿写下列诗句，并请同伴点评。

> 满街珠翠游村女，
> 沸地笙歌赛社神。
> ——唐寅

仿写：_____
_____

点评：_____

四、评议"满街珠翠游村女，沸地笙歌赛社神"中的民俗文化。

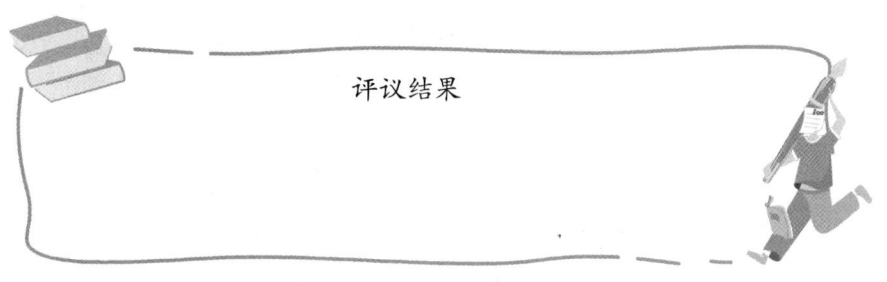

评议结果

五、配乐朗诵唐寅的《元宵》。

寒食夜

（唐）韩偓

恻恻轻寒翦翦风，小梅飘雪杏花红。
夜深斜搭秋千索，楼阁朦胧烟雨中。

HánShíyè

(Táng) HánWò

Cècè qīnghán jiǎnjiǎnfēng,
xiǎoméi piāoxuě xìnghuāhóng.
Yèshēnxiédā qiūqiānsuǒ,
lóugéménglóng yānyǔzhōng.

【作者介绍】

韩偓（wò）(844—923)，字致光，号致尧，京兆万年（今陕西省西安）人，晚唐诗人。

【注释】

1. 寒食：即寒食节，中国传统节日，清明节前一二日。这一天禁烟火，只吃冷食。主要活动是祭扫、踏青、秋千等。
2. 恻恻：伤感的样子。恻，忧伤、悲痛。
3. 翦翦：这里指乍暖还寒的时节，风刮在脸上的感觉。翦，割。
4. 秋千：将长绳系在架子上，下挂蹬（dēng）板，人随蹬板来回摆动。
5. 索：粗而长的绳子。
6. 朦胧：物体的样子模糊，看不清楚。

【现代文翻译】

切肤的轻寒刺面的风，梅花像飘雪，杏花正艳红。夜晚时分，春雨潇潇（xiāo），秋千的吊绳斜斜地搭在木架上，不远处的楼阁就掩藏在朦胧的夜雨中。

【诗文解析】

这首诗歌语义朦胧含蓄。表面上写寒食节的气候特征及节日游戏项目。但设定的时间是夜晚且下着绵绵细雨，细雨中出现了隐约的楼阁。根据《香奁集》记载，诗人曾与一女子在寒食节相恋后分手。诗歌虽没有出现女子，但出现了女子游戏的秋千和居住的楼阁。以物代人，诗人含蓄地追忆了这段黯（àn）然神伤的生活经历。

文件：延伸阅读

练 习

一、仿动态，摹写下列汉字。

寒	食	恻	恻	蒻	蒻	索	朦	胧

二、扮演韩偓，讲述一段感伤的爱情故事。

三、仿写下列诗句，并请同伴点评。

> 夜深斜搭秋千索，
> 楼阁朦胧烟雨中。
> ——韩偓

仿写：_____

点评：_____

四、描绘"夜深斜搭秋千索，楼阁朦胧烟雨中"的意境。

五、配乐朗诵韩偓的《寒食夜》。

正文 115

寒 食

（唐）韩翃

春城无处不飞花，寒食东风御柳斜。
日暮汉宫传蜡烛，轻烟散入五侯家。

Hán Shí

(Táng) HánHóng

Chūnchéng wúchù bùfēihuā,
hánshí dōngfēng yùliǔxié.
Rìmù HànGōng chuánlàzhú,
qīngyān sànrù wǔhóujiā.

音频

寒食 韩翃

【作者介绍】

韩翃（hóng），字君平，南阳（今属河南）人。唐代诗人，长于七言绝句，语义含蓄。

【注释】

1. 春城：春天的长安城。
2. 飞花：柳絮。
3. 东风：春风。
4. 汉宫：唐朝的皇宫。
5. 五侯：贵戚宠臣。

【现代文翻译】

春光明媚的长安城，处处柳絮扑面。寒食节里，春风轻轻地吹拂，皇家御苑中柳枝迎风飞舞。夜色降临，皇宫中不停地向外传递着蜡烛，不久蜡烛的轻烟就飘进了王公贵戚的家里。

【诗文解析】

诗歌描绘了暮春时节，长安城里迷人的景色。但诗歌的吸引人处不只在美景，更重要的是论事。寒食节的时候，天下人只能吃冷食，唯独皇宫与贵戚不受限制。唐代制度，与寒食节相连的清明节，皇帝宣旨，取榆柳之火赐于近臣，以示恩宠（一般地，这两个节日合在一起）。在不经意间，实情的叙述却产生了讽刺的效果。

文件：延伸阅读

练 习

一、仿动态，摹写下列汉字。

春	城	飞	花	汉	宫	五	侯

二、拍摄"春城无处不飞花，寒食东风御柳斜"的自然景观。

三、仿写下列诗句，并请同伴点评。

> 春城无处不飞花，
> 寒食东风御柳斜。
> ——韩翃

仿写：_____

_____

点评：_____

四、评议"日暮汉宫传蜡烛，轻烟散入五侯家"的多种情感。

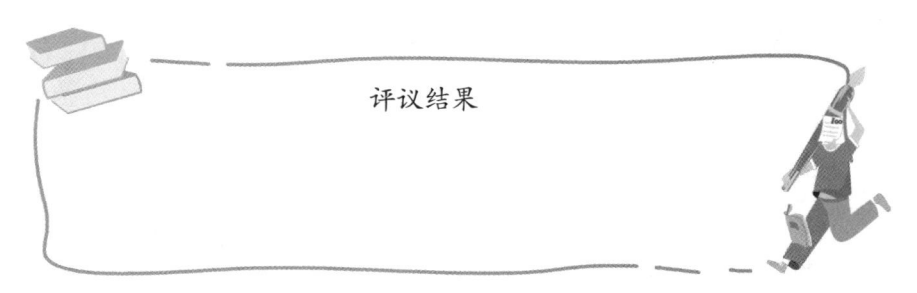

评议结果

五、配乐朗诵韩翃的《寒食》。

清 明

（唐）杜牧

清明时节雨纷纷，路上行人欲断魂。
借问酒家何处有？牧童遥指杏花村。

Qīng Míng

(Táng) DùMù

Qīngmíngshíjié yǔ fēnfēn,
lùshàng xíngrén yùduànhún.
Jièwèn jiǔjiā héchù yǒu?
mùtóng yáozhǐ XìngHuācūn.

音频

清明 杜牧

【作者介绍】

杜牧（803—852？），字牧之，号樊川居士，京兆万年（今陕西西安）人。唐代杰出的诗人、散文家，诗歌众体兼工。著有《樊川文集》。

【注释】

1. 清明：二十四节气之一，在公历四月五日前后。有扫墓、踏青、插柳等活动。清明节是一个与节气相合的节日。
2. 纷纷：多，春雨连绵的样子。
3. 欲断魂：内心很伤感，好像灵魂要与身体分开了一样。断魂：情绪低落，烦闷不乐。
4. 借问：向人打听情况时所用的敬词。也说"请问"。
5. 牧童：放牧牛羊的儿童。
6. 杏花村：杏花深处的村庄。

【现代文翻译】

清明节这天，春雨淅淅沥沥下个不停，路上的行人个个情绪低落，面容凄然。刚巧遇到一个放牛的娃娃，我就向他打听附近有没有小酒馆，让我歇息一下，娃娃手指着前方说，杏花深处有一个大名鼎鼎的酒馆叫杏花村。

【诗文解析】

这首小诗，清新自然，语言通俗。故事简明。先交代时间、环境：清明时节雨纷纷，接着写人物：路上行人欲断魂。随后转向两人对话，问：有酒馆吗？答：在杏花深处。诗在语言与动作交流中结束，这一对话的场景，使诗歌立即生动起来。

文件：延伸阅读

中国古典诗词选读130首

练 习

一、仿动态，摹写下列汉字。

清	明	时	节	魂	借	问	牧	童

二、扮演杜牧，讲述清明扫墓的故事。

三、仿写下列诗句，并请同伴点评。

> 清明时节雨纷纷，
> 路上行人欲断魂。
> ——杜牧

仿写：_____
_____

点评：_____

四、评议"借问酒家何处有，牧童遥指杏花村"的画面美。

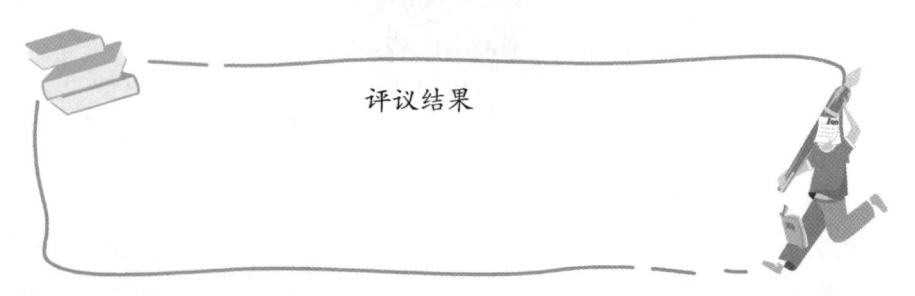

评议结果

五、配乐朗诵杜牧的《清明》。

366

正文 117

水调歌头

（宋）苏轼

明月几时有？把酒问青天。

不知 天上宫阙，今夕是何年。

我欲乘风归去，又恐琼楼玉宇，高处不胜寒。

起舞弄清影，何似在人间。

转朱阁，低绮户，照无眠。

不应有恨，何事长向别时圆？

人有悲欢离合，月有阴晴圆缺，此事古难全。

但愿人长久，千里共婵娟。

Shuǐdiàogētóu

(Sòng) SūShì

Míngyuè jǐshíyǒu? bǎjiǔ wènqīngtiān.
Bùzhī tiānshànggōngquè, jīnxī shì hénián.
Wǒyù chéngfēngguīqù, yòukǒng qiónglóuyùyǔ,
gāochù bùshēnghán.
Qǐwǔ nòng qīngyǐng, hésì zàirénjiān.
Zhuǎnzhūgé, dīqǐhù, zhàowúmián.
Bùyīng yǒuhèn, héshìchǎngxiàng biéshíyuán?
Rényǒu bēihuānlíhé, yuèyǒu yīnqíngyuánquē,
cǐshì gǔnánquán.
Dànyuàn rénchángjiǔ, qiānlǐ gòngchángjuān.

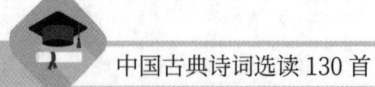

水调歌头

【作者介绍】

苏轼（1037—1101），字子瞻、和仲，号东坡居士，眉州眉山（今属四川）人，北宋著名文学家、书法家、画家等，在诗、词、散文、书、画等方面都取得了很高成就。有《东坡集》四十卷。

【注释】

1. 水调歌头：词牌名，双调，九十五字。一般为上片九句四平韵，下片十句四平韵。
2. 琼楼玉宇：指月宫。
3. 何似：不如。
4. 绮户：雕刻花纹的门窗。

【现代文翻译】

端着酒杯，我对着青天发问，明月是什么时候产生的？天上现在是什么年份？我真想乘着清风飞到天上去，只怕是琼枝建的楼宇、玉石造的宫殿，太寒冷受不了。还是在明月映照下轻盈起舞更自在。随着时间流逝，月亮转过朱红色的楼阁，低低地挂在雕花的门窗上，也照在没有入睡的我的身上。月亮大约不应和人有仇吧，为啥常常在亲人分别时圆呢？人生要经历悲欢离合的变故，月亮有阴晴圆缺的变化，这种事自古难周全。但愿亲人们平安健康，即使相隔千里也能共赏一轮明月。

【诗文解析】

这首词写一个中秋之夜，词人饮酒之后，浮想联翩（fúxiǎngliánpiān），又想念自己的兄弟，于是对团圆的节日，亲人却难团圆展开了深刻的思考，最后，词人对自我的劝慰形成千古名句，"人有悲欢离合，月有阴晴圆缺，此事古难全。但愿人长久，千里共婵娟。"

文件：延伸阅读

练 习

一、仿动态，摹写下列汉字。

宫	阙	琼	宇	阁	绮	恨	离	缺	婵	娟

二、吟唱流行歌曲《水调歌头·明月几时有》。

三、仿写下列诗句，并请同伴点评。

> 但愿人长久，
> 千里共婵娟。
> ——苏轼

仿写：_____

_____

点评：_____

四、评议"人有悲欢离合……千里共婵娟"体现的价值。

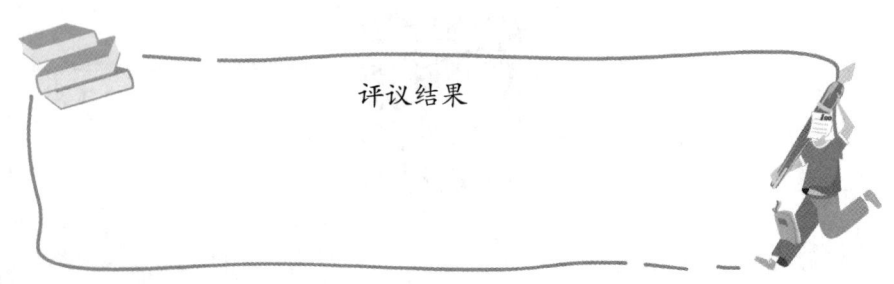

评议结果

五、配音朗诵苏轼的《水调歌头》。

正文 118

九月九日忆山东兄弟

（唐）王维

独在异乡为异客,每逢佳节倍思亲。
遥知兄弟登高处,遍插茱萸少一人。

Jiǔyuèjiǔrì Yì ShānDōng Xiōngdì

(Táng) WángWéi

Dúzài yìxiāng wéiyìkè,
měiféng jiājié bèisīqīn.
Yáozhī xiōngdì dēnggāochù,
biànchā zhūyú shǎoyìrén.

音频

【作者介绍】

　　王维（701—761），字摩诘，号摩诘居士，河东蒲州（今山西运城）人，祖籍山西祁县。唐朝诗人、画家。尤其擅长五言诗，有许多歌咏山水田园的诗篇，与孟浩然合称"王孟"，有"诗佛"之称。

【注释】

1. 九月九日：重阳节。是中国传统节日。"九"数在《易经》中为阳数，"九九"两阳数相重，故曰"重阳"。中国古人认为重阳是吉祥的日子。民间有登高祈福、秋游赏菊、佩插茱萸等习俗。
2. 山东：华山东面。华山在陕西省境内，王维的家乡在山西省，山西在陕西省华山的东面。
3. 佳节：美好的节日。佳，好。
4. 遥知：在很远的地方就晓得。遥，远。知：明了，晓得。
5. 茱萸：是一种常绿带香的植物，具备杀虫消毒、逐寒祛（qū）风的功能。

【现代文翻译】

　　一个在他乡的人，终究是个别于当地人的客人，每到过团圆节的时候就格外想念远方的亲人。我知道，这会儿家里的兄弟们在登山过重阳节呢，每个人身上都佩戴茱萸，就是缺少了我一个呀。

【诗文解析】

　　王维是个早慧诗人，写这首诗时王维只有17岁。繁华的帝都对热衷谋求发展的王维极有吸引力，他离开家乡到西安漂泊。在举国团圆的重阳节里没有亲人陪伴，倍感孤独和凄然，写下了"独在异乡为异客，每逢佳节倍思亲。"的名句，朴素直白地表达了真切思念亲人的感受，具有普遍的感人力量。

文件：延伸阅读

练 习

一、仿动态，摹写下列汉字。

独	异	乡	佳	节	遥	知	茱	萸

二、写"独在异乡为异客，每逢佳节倍思亲"的自传故事。

_____

三、仿写下列诗句，并请同伴点评。

> 独在异乡为异客，
> 每逢佳节倍思亲。
> ——王维

仿写：_____
_____

点评：_____

四、议一议"遥知兄弟登高处，遍插茱萸少一人"的思维特征。

议论结果

五、配乐朗诵王维的《九月九日忆山东兄弟》。

373

除夜作

（唐）高适

旅馆寒灯独不眠，客心何事转凄然。
故乡今夜思千里，霜鬓明朝又一年。

Chú Yèzuò

(Táng) GāoShì

LǚGuǎn hándēng dúbùmián,
kèxīn héshì zhuǎnqīrán.
Gùxiāng jīnyè sīqiānlǐ,
shuāngbìn míngzhāo yòuyìnián.

【作者介绍】

高适（700？—765），字达夫，渤海蓨县（今河北景县）人，唐朝边塞诗人，擅长歌行，风格刚劲。与岑参、王昌龄、王之涣合称"边塞四诗人"，著有《高常侍集》十卷。

【注释】

1. 除夜：除夕的晚上。
2. 旅馆：为旅客提供住宿、饮食服务及娱乐活动的公共建筑。
3. 凄然：凄凉悲伤的样子。
4. 故乡：出生或长期生活的地方，家乡，老家。这里指故乡的亲人。
5. 霜鬓：指因年龄大或经历生活的磨难，鬓角的头发白了。霜，白色。鬓，脸旁靠近耳朵的头发。

【现代文翻译】

除夕的夜晚，万家灯火，亲人团聚，我独自在旅馆面对灯烛，寒意顿生，外面热闹的气氛让我难以入眠。什么事让我平静的内心变得悲伤与凄凉呢？千里之外的亲人与我一样相互思念着牵挂着，到了明天早晨又要长一岁，鬓角的白发又要增加了。

【诗文解析】

这首诗歌是诗人内心的独白，语言朴素，不事雕琢，触景生情，真挚感人。除夕是中国人过春节家家团圆的开始，整个空气里弥漫着热闹和温馨的气氛。诗人独自在旅馆对着孤灯，内心的孤独与凄凉与大的环境形成对照。不过，诗人知道亲人也在思念自己，"故乡今夜思千里"是对孤独的心灵的安慰剂。最后，诗人发出了过个年，长一岁，白发添，心更累的感慨。全诗情绪多变，感情丰沛，表现出奋斗者在前进路上的普遍心理。

文件：延伸阅读

练 习

一、仿动态，摹写下列汉字。

除	夜	旅	馆	凄	然	霜	鬓

二、扮演高适，讲述"旅馆寒灯独不眠"的除夕故事。

三、仿写下列诗句，并请同伴点评。

> 故乡今夜思千里，
> 霜鬓明朝又一年。
> ——高适

仿写：_____
_____

点评：_____

四、品一品"故乡今夜思千里，霜鬓明朝又一年"的文化含义。
_____
_____

五、配乐朗诵背诵高适的《除夜作》。

第六章　评战争

正文 120

出 塞

（唐）王昌龄

秦时明月汉时关，万里长征人未还。
但使龙城飞将在，不教胡马度阴山。

Chū sài

(Táng) WángChānglíng

Qínshí míngyuè hànshíguān,
wànlǐ chángzhēng rénwèihuán.
Dànshǐ lóngchéng fēijiàngzài,
bújiào húmǎ dùyīnshān.

音频

【作者介绍】

王昌龄（694？—756？），字少伯，唐朝著名边塞诗人。其诗以七绝见长，尤以边塞诗最为著名，与李白、高适、王维、王之涣、岑参等人交游，感情深厚。著有《王江宁集》六卷。

【注释】

1. 长征：长途出征。
2. 龙城：边关。
3. 飞将：汉将李广。
4. 阴山：中国内蒙古自治区中部山脉。中国北方重要的自然地理分界线。曾是农耕民族和蒙古高原游牧民族双方争夺的战略要地。
5. 度：越过。

【现代文翻译】

无论在秦朝还是在汉朝，它们都是中国的边关，戍守的将士们仰望的都是同一轮明月。边关与内地有万里之遥，至今奔赴边关的将士也没有回还。只要是龙城飞将戍守边关，那一定不会允许胡马越过阴山。

【诗文解析】

诗歌概括了边关常年存在战事，耗费了大量人力的情况，表达了诗人对和平的期盼。诗歌的语言极其简练，"秦时明月汉时关"，如果增加语言编码，句子变为"秦时明月秦时关，汉时明月汉时关"，那么"万里长征人未还"，即可反映出战争持续时间久的意蕴。"秦"与"汉""明月"与"关"互文见义，节省了笔墨，显示出诗人高超的驾驭语言的技巧。在时间与空间的表达上，用"秦汉""万里"这样大跨度的词，凸显出雄健的笔力。"但使龙城飞将在，不教胡马度阴山"，用典故点明题旨，热情地呼唤时代英雄的出现，增加了诗的思想性与厚重度。

文件：延伸阅读

练 习

一、仿动态，摹写下列汉字。

秦	汉	长	征	龙	城	飞	将	度	阴	山

二、描述"秦时明月汉时关，万里长征人未还"的意境。

_____

三、仿写下列诗句，并请同伴点评。

> 但使龙城飞将在，
> 不教胡马度阴山。
> ——王昌龄

仿写：_____
_____

点评：_____

四、评议"但使龙城飞将在，不教胡马度阴山"中的情绪。

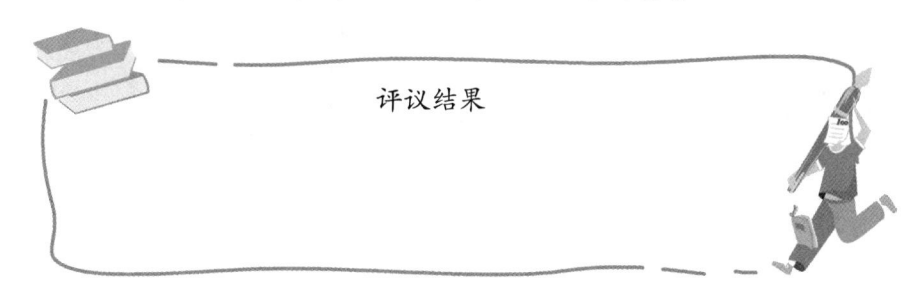

评议结果

五、配乐朗诵王昌龄《出塞》。

从军行

（唐）王昌龄

青海长云暗雪山，孤城遥望玉门关。
黄沙百战穿金甲，不破楼兰终不还。

Cóngjūnxíng

(Táng) WángChānglíng

Qīnghǎi chángyún ànxuěshān,
gūchéng yáowàng yùménguān.
Huángshā bǎizhàn chuānjīnjiǎ,
búpò lóulán zhōngbùhuán.

音频

【作者介绍】

王昌龄（694？—756？），字少伯，唐朝著名边塞诗人。其诗以七绝见长，尤以边塞诗最为著名，与李白、高适、王维、王之涣、岑参等人交往深厚。著有《王江宁集》六卷。

【注释】

1. 青海：指青海湖，在现在的青海省。唐朝大将哥舒翰筑城于此。
2. 雪山：祁连山，青海省与甘肃省交界处，山巅终年积雪。
3. 百战：比喻战争的频繁。
4. 金甲：铁衣。金属制作的铠甲。
5. 楼兰：楼兰国是西域古国名，是中国西部的一个古代小国，国都楼兰城（遗址在今中国新疆罗布泊西北岸）。诗中指侵扰西北边地的部族。

【现代文翻译】

青海湖的上空乌云密布，祁连山白雪皑皑（ái）。戍守的边塞与玉门雄关相隔万里远。将士们打了无数场战争，铠甲已经磨穿。但不打败进犯的敌人，绝不能返回家乡。

【诗文解析】

这首诗歌对边关将士的生活环境，在广阔的空间范围进行了描写。其中涉及的地名有"青海""雪山""孤城""玉门关""楼兰"等，说明戍守边关的生活异常艰苦。诗人对将士的战斗精神做了细节刻画："黄沙百战穿金甲"。在"孤城""遥望"着"玉门关"的大区域里，将士的"金甲"已被"黄沙"穿透。整首诗释放着豪迈奔放的热情，彰显强盛的唐朝气势。

文件：延伸阅读

练 习

一、仿动态，摹写下列汉字。

青	海	雪	山	百	战	金	甲	楼	兰

二、翻译"青海长云暗雪山，孤城遥望玉门关"。

三、仿写下列诗句，并请同伴点评。

> 黄沙百战穿金甲，
> 不破楼兰终不还。
> ——王昌龄

仿写：_____
_____

点评：_____

四、评议"黄沙百战穿金甲，不破楼兰终不还"中将士的精神。

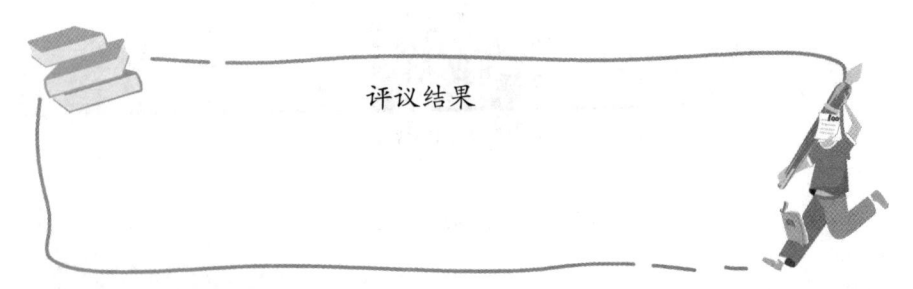

评议结果

五、配乐朗诵王昌龄的《从军行》。

从军行

(唐) 杨炯

烽火照西京，心中自不平。
牙璋辞凤阙，铁骑绕龙城。
雪暗凋旗画，风多杂鼓声。
宁为百夫长，胜作一书生。

Cóngjūnxíng

(Táng) YángJiǒng

Fēnghuǒ zhàoxījīng, xīnzhōng zìbùpíng.
Yázhàng cífèngquè, tiějì ràolóngchéng.
Xuě'àn diāoqíhuà, fēngduō zágǔshēng.
Nìngwéibǎifūzhǎng, shèngzuòyìshūshēng.

【作者介绍】

杨炯（650—693？），陕西华阴市人。唐朝文学家，擅长五律，与王勃、卢照邻、骆宾王并称"初唐四杰"，明代人辑录《杨盈川集》。

【注释】

1. 烽火：古代边防报警时所烧的烟火。
2. 西京：长安（今陕西西安）。唐朝以长安为西京，洛阳为东京，合称两京。
3. 牙璋：兵符，朝廷调集军队的信物。朝廷与主帅各执（zhí）一半，相合处呈牙状。
4. 凤阙：汉朝时的宫阙名，有铜凤凰，所以称凤阙。这里指长安。
5. 龙城：在蒙古国鄂尔浑河西岸。
6. 凋旗画：战旗失去鲜艳的颜色。凋，脱落。

【现代文翻译】

边境发生战事的信息传到朝廷，有报国之志的人心中自是不平静。朝廷调集威武之师，离别京城，骑快马直奔龙城。前线天寒地冻，战旗的颜色不再鲜艳，狂风中夹杂咚咚的战鼓声。在最好的年华里，宁可成为冲锋杀敌的百夫长，也强过舞文弄墨的一个书生。

【诗文解析】

诗歌从前线传到京城的战报起笔，作为爱国的青年，诗人立刻产生了血洒疆场、建功立业的想法。然后，积极采取行动，告别京城优越的生活，赶往艰苦且危险的前线。"铁骑绕龙城"不写战争的残酷，只写前线军队动作的迅捷与获胜结果，自然流露出唐朝时期人们身上的豪迈之气。

文件：延伸阅读

练 习

一、仿动态，摹写下列汉字。

烽	火	牙	璋	凤	阙	龙	城	凋	鼓	烽

二、翻译"牙璋辞凤阙，铁骑绕龙城"。

三、仿写下列诗句，并请同伴点评。

> 宁为百夫长，
> 胜作一书生。
> ——杨炯

仿写：_____

点评：_____

四、评议"宁为百夫长，胜作一书生"中诗人的抱负。

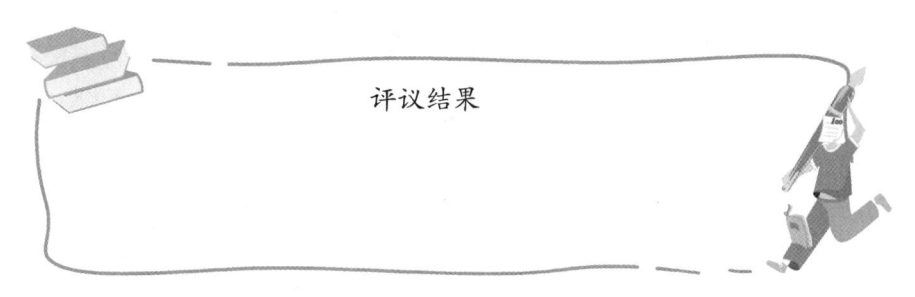

评议结果

五、配乐朗诵杨炯的《从军行》。

凉州词

（唐）王翰

葡萄美酒夜光杯，欲饮琵琶马上催。
醉卧沙场君莫笑，古来征战几人回？

Liángzhōucí

(Táng) WángHàn

Pútáo měijiǔ yèguāngbēi,
yùyǐn pípá mǎshàngcuī.
Zuìwò shāchǎng jūnmòxiào,
gǔlái zhēngzhàn jǐrénhuí?

音频

【作者介绍】

王翰，字子羽，山西太原市人，唐代边塞诗人。《全唐诗》存诗一卷。

【注释】

1. 凉州词：又名《出塞》。为当时流行的一首曲子《凉州》配的唱词。凉州，属唐朝陇右道，治所在姑臧（gūzāng）县（今甘肃省武威市凉州区）。
2. 葡萄：木质藤（téng）本植物，果实球形或椭圆形。最早产于西亚。
3. 夜光杯：一种用白玉琢（zhuó）成的酒杯。把美酒倒于杯中，放在月光下，杯中就会闪闪发亮。
4. 琵琶：东亚传统的弹拨乐器，已有两千多年的历史。琶是右手向后挑，琵是右手向前弹。
5. 催：催促。指琵琶急促的乐音，唤起将士饮酒的欲望。
6. 沙场：平坦空旷的沙地，一般指战场。

【现代文翻译】

葡萄酿的美酒盛满了夜光杯，酒香四溢。各类果品、肉食摆满了杯盘，歌伎们弹起了欢快而急促的琵琶，一场盛大酒宴开场了。将士们，痛快豪饮，琵琶，声声催促。喝吧！喝吧！喝醉了你不要笑话，自古以来，参战的将士，有多少人能活着回家呢。

【诗文解析】

这首诗描绘了气氛热烈的边塞将士宴饮的场面。明快的语言，反映了将士兴奋、开朗、奔放的情绪，也唤起将士视死如归的勇气。"醉卧沙场君莫笑，古来征战几人回"是劝酒的细节描写，是对宴会高潮时段气氛的渲染，散发出狂热不羁与痛快淋漓的气味，极有艺术感染力。

文件：延伸阅读

练 习

一、仿动态，摹写下列汉字。

凉	州	词	葡	萄	夜	光	杯	琵	琶	催

二、描绘"葡萄美酒夜光杯，欲饮琵琶马上催"的场面。

三、仿写下列诗句，并请同伴点评。

> 醉卧沙场君莫笑，
> 古来征战几人回？
> ——王翰

仿写：_____

_____

点评：_____

四、评议"醉卧沙场君莫笑,古来征战几人回"的文化含义。

五、配乐朗诵王翰的《凉州词》。

渔家傲·秋思

（宋）范仲淹

塞下秋来风景异，衡阳雁去无留意。

四面边声连角起，千嶂里，长烟落日孤城闭。

浊酒一杯家万里，燕然未勒归无计。

羌管悠悠霜满地，人不寐，将军白发征夫泪。

Yújiāào·qiūsī

(Sòng) FànZhòngyān

Sàixià qiūlái fēngjǐngyì, héngyáng yànqù wúliúyì.
Sìmiàn biānshēng liánjiǎoqǐ,
qiānzhàngli, chángyān luòrì gūchéngbì.
Zhuójiǔ yìbēi jiāwànlǐ, yānrán wèilè guīwújì.
Qiāngguǎn yōuyōu shuāngmǎndì,
rénbùmèi, jiāngjūn báifà zhēngfūlèi.

音频

【作者介绍】

范仲淹（989—1052），字希文。祖籍陕西，先祖迁徙江苏苏州。北宋政治家、文学家。其词作存世共五首，篇篇脍炙人口。

【注释】

1. 衡阳：地名，湖南省中南部，湘江中游，亚热带季风气候，冬、春季气温较高，是大雁越冬的地方。
2. 嶂：山峰如屏障。
3. 长烟：弥漫在空中的雾气。
4. 燕然未勒：史书记载，东汉大将窦宪追击北匈奴，出塞三千余里，至燕然山刻石记功。勒：雕刻。未勒，指将士没有建功立业。
5. 羌管：羌笛，是中国古老的单簧（huáng）气鸣乐器。

【现代文翻译】

边塞秋天的景色自然与别处不同。秋凉了，去衡阳越冬的雁阵毫无留恋之意，向南飞去。黄昏时分，随着号角声响起，风声、马嘶声、羌笛声和着号角声在连绵大山里回响，夕阳西下，雾气弥漫，一座戍守的孤城紧闭着城门。端起一杯浊酒，忍不住思念万里之外的家乡，可是没有建立功勋没法回家。悠悠的羌笛声渐渐在空气里弥散开来，如霜的月光洒满大地，将士们毫无睡意，只见得将军白发在不断增多，士兵的脸颊上挂着思乡的泪水。

【诗文解析】

"渔家傲"作为词牌，原用于佛曲、道曲，正体，双调，六十二字，主要用于表现渔人生活。表现边塞生活是范仲淹的独创。这首词的上阕描写戍边将士艰苦的生活。下阕刻画的是将士绵绵的思乡情绪。感情真挚而深沉，风格慷慨悲壮。

文件：延伸阅读

练 习

一、仿动态，摹写下列汉字。

衡	阳	留	意	连	角	嶂	燕	然	未	勒

二、翻译词作上阕"千嶂里，长烟落日孤城闭"。

三、仿写下列诗句，并请同伴点评。

> 人不寐，
> 将军白发征夫泪。
> ——范仲淹

仿写：_____

_____

点评：_____

四、评一评"浊酒一杯家万里，燕然未勒归无计"的诗人情感。

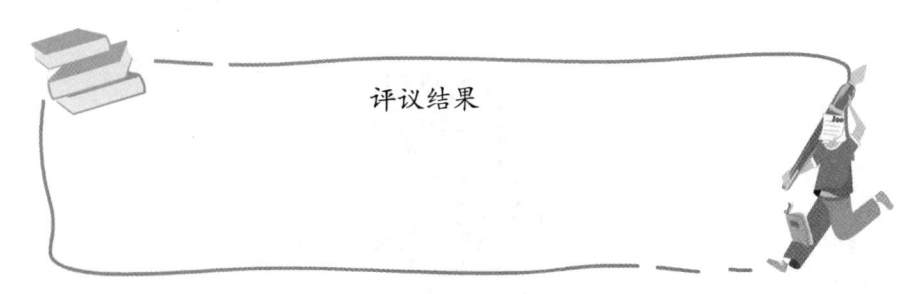

评议结果

五、配乐朗诵范仲淹的《渔家傲·秋思》。

塞下曲

（唐）卢纶

林暗草惊风，将军夜引弓。
平明寻白羽，没在石棱中。

Sàixiàqǔ

(Táng) LúLún

Lín'àn cǎojīngfēng,
jiāngjūn yèyǐngōng.
Píngmíng xúnbáiyǔ,
mòzài shíléngzhōng.

【作者介绍】

卢纶（748—799？），字允言，山西蒲县人，唐代诗人，"大历十才子"之一。

【注释】

1. 林暗：光线昏暗的树林。
2. 引弓：拉弓。引，伸，拉。
3. 平明：天刚亮。
4. 白羽：白色的羽毛。弓箭末端的装饰。
5. 石棱：石头上的条状突起。

【现代文翻译】

夜晚，林中一片昏暗，狂风刮起，草丛飒飒（sà）作响，这里常有猛虎出没，将军立即拉弓射箭。天刚放亮，人们就去寻找那只射出的箭，令人惊异的是，箭头已深深地扎进石棱中了。

【诗文解析】

诗歌描绘了唐代武将英勇无畏的形象，赞美了将军过人的臂力和箭法的精准。"平明寻白羽，没在石棱中。"一个"没"字，形象地刻画出将军令人赞叹的臂力。这首诗歌的故事原型是汉代名将李广，他以善战出名。

诗中的"林暗草惊风"句中"草惊风"本不符合语言逻辑，但表现出劲风作用下草的动态美，反映了汉语词语组句灵活的特征。

文件：延伸阅读

练 习

一、仿动态，摹写下列汉字。

林	暗	引	弓	平	明	白	羽	石	棱

二、翻译"林暗草惊风，将军夜引弓"。

三、仿写下列诗句，并请同伴点评。

> 平明寻白羽，
> 没在石棱中。
> ——卢纶

仿写：

点评：

四、评议"平明寻白羽，没在石棱中"对将军形象的艺术表现。

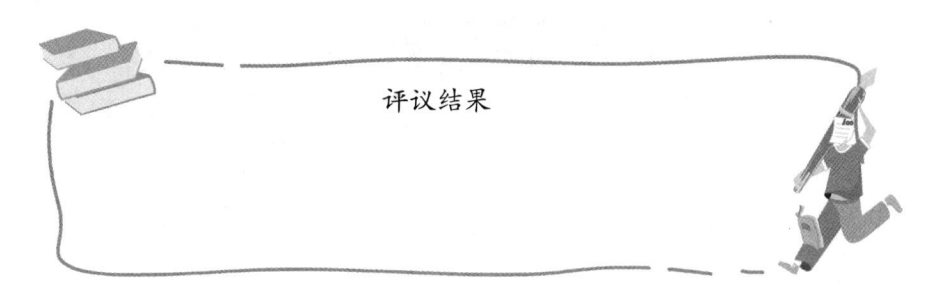

评议结果

五、配乐朗诵卢纶的《塞下曲》。

塞下曲

（唐）卢纶

月黑雁飞高，单于夜遁逃。
欲将轻骑逐，大雪满弓刀。

Sàixiàqǔ

(Táng) LúLún

Yuèhēi yànfēigāo,
chányú yèdùntáo,
Yùjiāng qīngjìzhú,
dàxuě mǎngōngdāo.

【作者介绍】

卢纶（739—799），字允言，山西蒲县人，唐代诗人，"大历十才子"之一。

【注释】

1. 塞下曲：边塞的一种军歌。用于描写边塞风光和军人的情绪。
2. 月黑：没有月亮。
3. 单于：匈奴人对部落联盟首领的专称，原意是广大的样子。
4. 遁逃：遁，逃跑，遁逃，同义复指。
5. 轻骑：装备轻便，行动快速的骑兵。
6. 弓刀：弓箭与刀剑，这里泛指武器。

【现代文翻译】

寒冷的隆冬时节，一个没有月光的晚上，安睡的大雁扑啦啦地飞向高空，暴露了单于想要连夜逃走的讯息。将军立刻下令轻装的骑兵快速追敌。很快骑兵集结完毕，只见大雪落满了刀和弓。

【诗文解析】

这首诗描写了边疆守关的骑兵冒着大雪，连夜列队出发的情景。"月黑雁飞高"，已经歇宿的大雁突然飞向高空，这种怪异的事件透露出敌情：单于要率残部出逃了。将士立即列队出发，刀剑在雪的映照下寒光闪亮，很快刀剑上落满了大雪。诗歌勾画了唐朝军人的行动神速，不惧严寒，威武自信的形象。

文件：延伸阅读

中国古典诗词选读130首

练 习

一、仿动态，摹写下列汉字。

塞	下	曲	高	单	于	遁	逃	轻	骑	弓

二、描绘"欲将轻骑逐，大雪满弓刀"的场面。

三、仿写下列诗句，并请同伴点评。

> 月黑雁飞高，
> 单于夜遁逃。
> ——卢纶

仿写：_____

点评：_____

四、议一议"月黑雁飞高"的反常理现象。

议论结果

五、配乐朗诵卢纶的《塞下曲》。

塞下曲

（唐）戎昱

北风凋白草，胡马日骎骎。
夜后戍楼月，秋来边将心。
铁衣霜露重，战马岁年深。
自有卢龙塞，烟尘飞至今。

Sàixiàqǔ

(Táng) RóngYù

Běifēng diāobáicǎo, húmǎ rìqīnqīn.
Yèhòu shùlóuyuè, qiūlái biānjiàngxīn.
Tiěyī shuānglùzhòng, zhànmǎ suìniánshēn.
Zìyǒu lúlóngsài, yānchén fēizhìjīn.

【作者介绍】

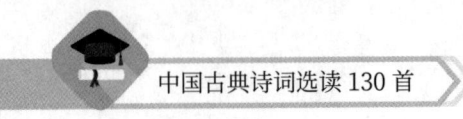

戎昱，湖北江陵人，唐代诗人。戎昱存诗125首，明人辑有《戎昱诗集》。

【注释】

1. 凋：植物的茎叶，因水分流失过多，补充不及，呈萎缩（wěisuō）状态。凋，衰落。
2. 骎骎：马跑得很快的样子。这里指北方的部族骑快马袭击汉族住地，动作迅速。
3. 铁衣：铁甲做成的战衣。
4. 霜露：霜与露水，一般指环境的艰苦。
5. 卢龙：卢龙塞，现在叫喜峰口。燕山山脉东段的隘口，历史上均为军事要塞。

【现代文翻译】

北风呼呼作响，草木凋零，少数部族的铁蹄频繁踏入汉族的住地。无数个夜晚，朗月映照着戍望楼，边关的将士望月思念着家里的亲人。他们在霜雪中穿着沉重的铠甲，他们的战马得不到休息，自从有了卢龙塞，战争的烟尘从来没有落下。

【诗文解析】

这首诗歌通过描写戍守将士身着铠甲在卢龙塞常年以月为伴，思念家乡的亲人，反映了农耕民族与牧业部族的紧张关系，表现了诗人对战争厌恶。诗歌的写的地点是"卢龙塞"；环境是"北风凋白草"；事件是"胡马日骎骎"；将士的穿着是"铁衣"；行为是望"月"愁"心"。全诗语言朴素，情感真挚。

文件：延伸阅读

练 习

一、仿动态，摹写下列汉字。

凋	骖	铁	衣	霜	露	卢	龙	塞

二、翻译"夜后戍楼月，秋来边将心"。

三、仿写下列诗句，并请同伴点评。

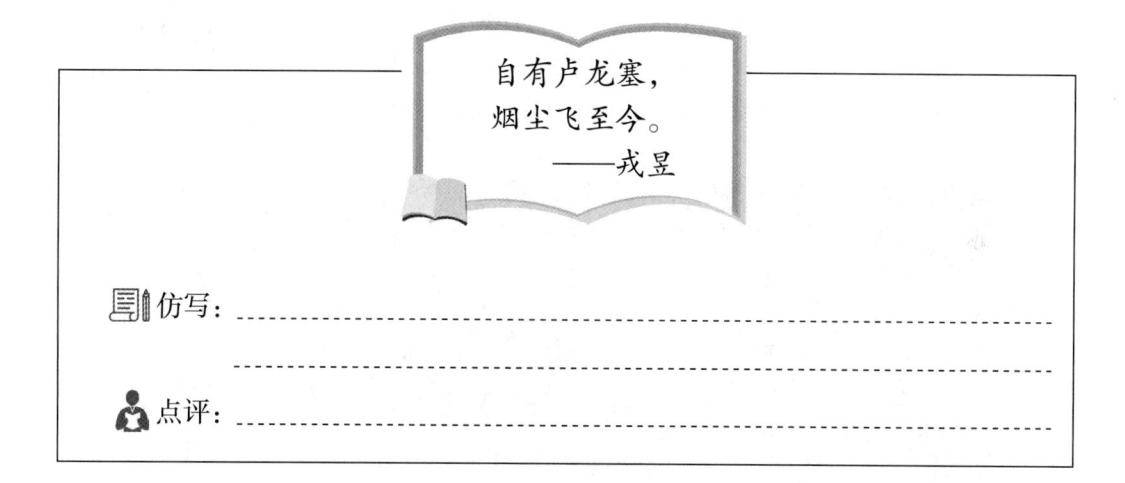

> 自有卢龙塞，
> 烟尘飞至今。
> ——戎昱

仿写：_____
_____

点评：_____

四、评议"自有卢龙塞，烟尘飞至今"中诗人的愿望。

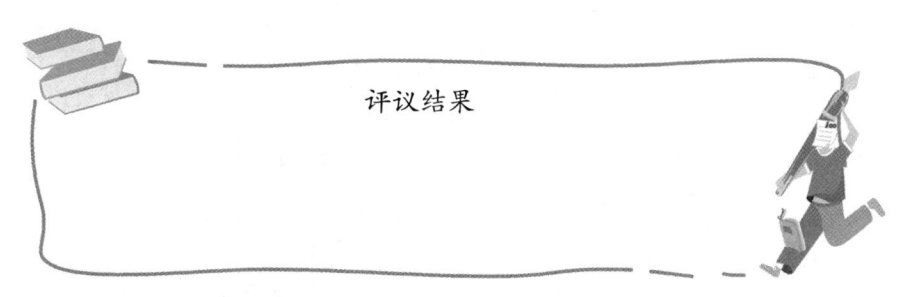

评议结果

五、配乐朗诵戎昱的《塞下曲》。

军城早秋

（唐）严武

昨夜秋风入汉关,朔云边月满西山。
更催飞将追骄虏,莫遣沙场匹马还。

Jūnchéng zǎoqiū

(Táng) YánWǔ

Zuóyè qiūfēng rùhànguān,
shuòyún biānyuè mǎnxīshān.
Gèngcuī fēijiàng zhuījiāolǔ,
mòqiǎn shāchǎng pǐmǎhuán.

【作者介绍】

严武（726—765），字季鹰。今陕西华阴人。唐朝诗人。《全唐诗》录其诗六首。

【注释】

1. 朔云边月：这里指边境的云与月（蜀地）。朔，北方，边，边境。
2. 骄虏：骄，骄横。虏，古代对北方外族的蔑称，这里指入侵的敌军。
3. 沙场：战场。

【现代文翻译】

瑟瑟（sè）的秋风卷入了汉家的关塞。极目远望，边地的月亮渐渐西沉，西山被浓云所笼罩。再次命令勇猛的将士们追杀入侵的吐蕃残部，不要让敌人的一兵一马逃走。

【诗文解析】

史书记载，764年秋，严武镇守剑南（剑门关以南。管辖着四川大部分地区，另有云南、贵州、甘肃与四川相邻的部分），率兵西征，击破吐蕃军队七万余众，收复了失地，安定了蜀地。这首诗正是描写诗人率领军队与入侵的吐蕃军队进行激烈战斗的情景。诗歌的妙处是没有直接描绘战场，而以气势夺人。虽然背景寒凉肃杀，但是指挥若定，诗中充满了战斗的豪情。

文件：延伸阅读

练 习

一、仿动态，摹写下列汉字。

朔	边	满	催	骄	虏	沙	场

二、品一品《军城早秋》的意境。

三、仿写下列诗句，并请同伴点评。

> 更催飞将追骄虏。
> 莫遣沙场匹马还。
> ——严武

仿写：_____

_____

点评：_____

四、议一议"更催飞将追骄虏，莫遣沙场匹马还"中的将军气度。

议论结果

五、配乐朗诵严武的《军城早秋》。

凉州词

（唐）王之涣

黄河远上白云间，一片孤城万仞山。
羌笛何须怨杨柳，春风不度玉门关。

Liángzhōucí

(Táng) WángZhīhuàn

Huánghé yuǎnshàng báiyúnjiān,
yípiàn gūchéng wànrènshān.
Qiāngdí héxūyuàn yángliǔ,
chūnfēng búdù yùménguān.

【作者介绍】

王之涣（688—742），字季凌，山西太原人。盛唐边塞诗人之一，与岑参、高适、王昌龄一同被世人称为唐代"四大边塞诗人"。

【注释】

1. 凉州词：凉州，今天的武威市。《凉州》是唐代民族乐府第一曲调。音乐风格有愁苦悲凉倾向。
2. 孤城：孤单的戍边城堡。
3. 万仞：极高。仞，一仞相当于七尺或八尺（约等于213厘米或264厘米）。
4. 羌笛：横吹的管乐，唐代边塞常见的乐器。
5. 何须：反问的语气词，何必。
6. 不度：度，（用于时间或空间）过，不度，不过。
7. 玉门关：位于甘肃省敦煌市。开始建造于汉武帝开通西域道路，设置"河西四郡"时，因从西域输入玉石时须经过这里而得名。

【现代文翻译】

在辽阔的西北边塞向远望去，黄河像奔流在缭绕的白云之间。在黄河上游的崇山之中，玉门关城高高耸立，显得格外孤独。从戍守的城堡里不时传出幽怨的羌笛声，绵绵不绝。何必吹杨柳曲埋怨春光迟迟没有光顾这里，玉门关一带春风本来是吹不到的呀。

【诗文解析】

这首诗歌描写了西北边地广阔无垠的戈壁风光，凸显了玉门关重要的战略位置。《杨柳曲》本是表现离别愁绪的。"柳""留"同音，折柳惜别是一种传统习俗。诗歌真实地再现了守军将士生活的艰苦，但诗歌哀怨而不消沉，"何须"句有劝慰之意，反映出盛唐时期的慷慨气概。

文件：延伸阅读

练　习

一、仿动态，摹写下列汉字。

凉	州	孤	城	万	仞	羌	笛	度	玉	门

二、翻译"黄河远上白云间，一片孤城万仞山"。

三、评议"羌笛何须怨杨柳"的用典及艺术价值。

评议结果

四、仿写下列诗句，并请同伴点评。

> 黄河远上白云间，
> 一片孤城万仞山。
> ——王之涣

仿写：_____

点评：_____

五、配乐朗诵王之涣的《凉州词》。

陇西行

（唐）陈陶

誓扫匈奴不顾身，五千貂锦丧胡尘。
可怜无定河边骨，犹是春闺梦里人！

Lǒngxīxíng

(Táng) ChénTáo

Shìsǎo xiōngnú búgùshēn,
wǔqiān diāojǐn sànghúchén.
Kělián wúdìng hébiāngǔ,
yóushì chūnguī mènglǐrén!

【作者介绍】

陈陶（803？—879?），字嵩伯，江北人，曾漫游江南与岭南。

【注释】

1. 陇西行：《陇西行》是乐府《相和歌·瑟调曲》旧题，内容写边塞战争。陇西，即今甘肃宁夏陇山以西的地方。行，古体诗的一种形式。
2. 匈奴：中原西北部的游牧部族。
3. 貂锦：装备精良的队伍。
4. 胡尘：北方及西方民族所辖的地域。胡，古代称北方与西方的民族。
5. 可怜：可惜。
6. 无定河：黄河的支流之一，中国陕西省北部，是陕西榆林地区最大的河流。

【现代文翻译】

守卫边关的将士发誓不顾自己的生死要清除匈奴的入侵（每到农作物收获的季节，与农耕民族接近的游牧部族，时有因抢夺果实而引发杀戮的事件），五千多名铮铮汉子的性命消失在胡地的尘埃里。可惜成堆的无定河边的枯骨中，还有思妇梦中的丈夫呢。

【诗文解析】

这首诗歌借西汉时期李陵率军讨伐匈奴全军覆没（fùmò）的事件，反映了唐代长期战争给百姓带来苦难。"可怜无定河边骨，犹是春闺梦里人"是诗人由衷的叹息。诗人将将士战死疆场的惨状，与亲人的思念相联系，表现了诗人对死难者及其亲属同情的态度，揭示了战争的残酷，表达了对和平生活的美好愿望。

文件：延伸阅读

练 习

一、仿动态，摹写下列汉字。

陇	西	行	匈	奴	貂	锦	可	怜	春	闺

二、描写"誓扫匈奴不顾身，五千貂锦丧胡尘"的悲壮场面。

三、评议"可怜无定河边骨，犹是春闺梦里人"的情绪。

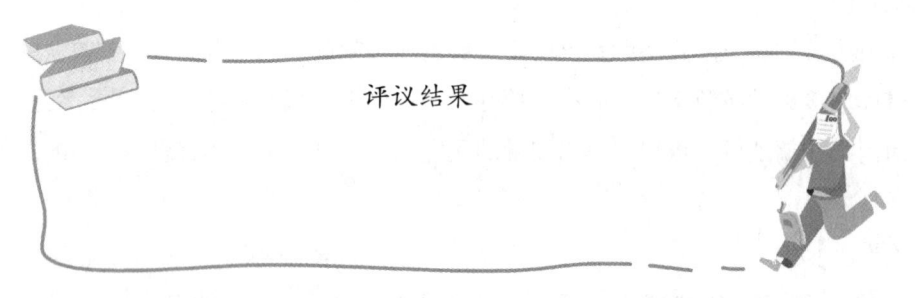

评议结果

四、仿写下列诗句，并请同伴点评。

可怜无定河边骨，
犹是春闺梦里人。
——陈陶

仿写：_____
_____
点评：_____

五、配音朗诵陈陶的《陇西行》。

附录一　HSK 等级表

HSK5级词汇

1.眠	2.声	3.落	4.润	5.俱	6.怜	7.幽	8.裁
9.剪	10.闲	11.紫	12.竹	13.桃	14.暖	15.鸭	16.落
17.人间	18.恨	19.毕竟	20.风光	21.狂	22.邻	23.饮	24.报答
25.可怜	26.舞	27.朵	28.戏	29.繁	30.肃	31.绕	32.青
33.舍	34.斜	35.泉	36.惜	37.立	38.迟	39.柴	40.中断
41.至	42.岸	43.神	44.览	45.漫	46.乘	47.返	48.愁
49.乡	50.泉	51.宿	52.扶	53.迷人	54.不足	55.将	56.射
57.暂	58.辞	59.唯	60.劝	61.赠	62.凭	63.珠	64.帘
65.今日	66.依旧	67.愿	68.城里	69.封	70.寸	71.醉	72.深处
73.夕	74.锁	75.瘦	76.肠	77.眠	78.鬼	79.雄	80.至今
81.羽	82.不肯	83.曲	84.犹	85.冠	86.悲	87.牛	88.织
89.人间	90.灶	91.神	92.尊	93.插	94.索	95.散	96.邀
97.弹	98.琴	99.随意	100.歇	101.厌	102.敬	103.可	104.摘
105.鼓	106.社	107.饮	108.招手	109.应	110.清晨	111.岁月	112.近来
113.待	114.拜	115.艳	116.扇	117.卧	118.悔	119.灰	120.堆
121.颗	122.汗	123.辛苦	124.风光	125.甲	126.葡萄	127.逃	128.厌
129.匹	130.不顾	131.可怜					

HSK6级词汇

1.觉	2.晓	3.处处	4.时节	5.当	6.潜入	7.野	8.径
9.渡	10.横	11.端	12.怒	13.长	14.成	15.无边	16.光景
17.一时	18.识	19.如	20.绝	21.皇	22.尽	23.盛	24.转
25.与	26.无穷	27.映	28.荷	29.时时	30.自在	31.懒	32.佳
33.欲	34.清	35.如	36.袖	37.梁	38.藏	39.峰	40.若
41.帝	42.偏	43.灭	44.孤	45.炉	46.露	47.尖	48.梅
49.一行	50.泥	51.融	52.入	53.田	54.印	55.扣	56.园
57.昏	58.傍	59.解	60.作	61.波	62.不见	63.误	64.岛
65.遍地	66.杂	67.剑	68.寺	69.将军	70.疾	71.横	72.同乡
73.烟花	74.壶	75.游人	76.浮云	77.踏	78.天下	79.低头	80.母
81.渡	82.旗	83.理	84.于	85.杰	86.渠	87.隐隐	88.景
89.栏	90.恰	91.壮	92.冲	93.侧	94.缘	95.便	96.娱
97.赛	98.异	99.佳节	100.宫	101.宇	102.此事	103.长久	104.足
105.虽	106.屏	107.扑	108.额	109.剧	110.嫌	111.早晚	112.滴
113.餐	114.丧						

HSK7～9级词汇

1.唐	2.风雨	3.乃	4.独	5.锦	6.鸣	7.舟	8.不知
9.溪	10.钓	11.碧	12.妆	13.垂	14.丝	15.寻	16.芳
17.滨	18.酥	19.遥	20.柳	21.芦	22.芽	23.稀	24.翠
25.惊	26.觅	27.无穷	28.映	29.恼	30.癫	31.旬	32.凋
33.料理	34.簇	35.催	36.嫩	37.驱	38.雾	39.迹	40.君
41.飘	42.传	43.竟	44.无限	45.旱	46.悠悠	47.菊	48.踪
49.翁	50.瀑布	51.川	52.柔	53.凌	54.泊	55.燕子	56.犬
57.齿	58.苍	59.至此	60.相对	61.帆	62.割	63.荡	64.临
65.销	66.斗	67.依	68.昔	69.余	70.洲	71.暮	72.何处
73.虹	74.趁	75.古人	76.天地	77.之	78.涕	79.之	80.未
81.归来	82.采	83.痕	84.魂	85.沾	86.水面	87.堤	88.弓
89.猎	90.雕	91.霜	92.稻	93.塘	94.故人	95.亲友	96.挥
97.兹	98.萧萧	99.不及	100.知己	101.逢	102.报	103.梢	104.依旧
105.匆匆	106.临	107.昼	108.黄昏	109.慈	110.迟迟	111.缝	112.滩
113.朱雀	114.巷	115.堂	116.歌舞	117.熏	118.寂寞	119.滋味	120.藤
121.鸦	122.流水	123.腕	124.凝	125.须	126.亦	127.亩	128.徘徊
129.源头	130.韵	131.娇	132.回首	133.渺然	134.依稀	135.往事	136.不堪
137.砌	138.朱	139.高低	140.寂寥	141.鹤	142.风雨	143.浪	144.淘
145.涯	146.不算	147.沸	148.开口	149.消	150.良辰	151.悲欢	152.离合
153.但愿	154.婵娟	155.清明	156.牧	157.朦胧	158.蜡烛	159.凄然	160.桑麻
161.啸	162.喧	163.莲	164.渔舟	165.亭	166.凤	167.彩霞	168.腊
169.浑	170.追随	171.简朴	172.衣冠	173.拐杖	174.稚	175.路人	176.不平
177.陌	178.蝉	179.悦	180.怯	181.弦	182.老大	183.衰	184.相识
185.烛	186.舅	187.婿	188.眉	189.供	190.饵	191.搓	192.溢
193.闺	194.覆	195.羞	196.唤	197.岂	198.迎	199.直至	200.风沙
201.粒	202.禾	203.盘	204.皆	205.蜜	206.长征	207.雪山	208.催
209.房	210.遣	211.笛	212.誓	213.奴			

附录二　诗词常识表

体裁	释义	示例	备注
1.古体诗	古体诗与近体诗相对，又称古风，有四言、五言、六言、七言、杂言诸体。后世使用五言、七言较多。五言简称"五古"，七言简称"七古"。凡不受近体诗格律约束的古代诗歌均称为古体诗。	五言：《游子吟》（孟郊）《望岳》（杜甫） 七言：《晚春田园杂兴》（范成大）《菊花》（元稹）	
2.近体诗	近体诗以律诗为代表。所谓律诗讲究用韵、平仄、对仗。一般分为五言、七言，五言简称"五律"、七言简称"七律"。 通常限定八句，五律四十字，七律五十六字。每两句成一联，共计四联（第一联为首联、第二联为颔联、第三联为颈联、第四联为尾联），颔联、颈联的上下句须对仗；在偶句末押平声韵；对平仄也有限定。 超过八句的为排律。除首、末两联外，中间各联上下句必须对仗。	五律：《观猎》（王维）《山居秋暝》（王维） 七律：《黄鹤楼》（崔颢）《游山西村》（陆游）	参见王力《诗词格律》
3.绝句	又称截句、断句。每首四句，通常有五言、七言两种，简称"五绝"、"七绝"。以平仄对仗论，绝句为截取律诗之半之意。 绝句可分古绝与律绝两类。古绝可押仄声韵。律绝押平声韵，平仄也须依照近体诗的规则。但具体创作中并不以词害意。	古绝《悯农》（李绅）《静夜思》（李白） 五绝《登鹳雀楼》（王之涣）《夜宿山寺》（李白） 七绝：《绝句四首》（其三）（杜甫）《早发白帝城》（李白）	参见王力《诗词格律》
4.词	又称诗余、长短句、曲子词等。其特点是调有定格，句有定数，字有定声。依字数多寡可分为小令（58字以内）、中调（59—90字）、长调（91字以上）。 词有单调和双调之分，单调就是小令，双调就是词有两段，两段的平仄相同，字数相等或大致相等。 词牌是词的格式名称，有的源于乐曲名；有的摘取词中几个字；有的本身是词的题目。	《相见欢·无言独上西楼》（李煜） 《菩萨蛮·其二》（韦庄） 《水调歌头·明月几时有》（苏轼） 《如梦令·常记溪亭日暮》（李清照）	参见王力《诗词格律》
5.元曲	又称为词余。元曲包括散曲和杂剧。散曲兴于金，盛于元，体式与词相近。特点是可以在字数定格外加衬字，较多使用口语。散曲包括有小令、套数（套曲）两种。每一套数都以第一首曲的曲牌作为全套的曲牌名，全套必须同一宫调。	小令：《天净沙·秋思》（马致远）	

415

后　　记

　　为中文学习者编写文化教材的想法已有近十年的光景，为中华语言与文化学历班（华裔留学生）高年级开设《中国诗文诵读》课程历经八届，最后决定选择诗词作品作为文化教学的语料进行加工，于是撰写了《中国古典诗词选读130首》。文本从构思到定稿历时五年，其间与合作者反复商讨，征求中文教育专家、中外研究生及留学生的意见，五易其稿。其中，全文的结构、资料的甄选及内容的撰写由刘晓玲完成。文本的编辑、练习的外观设计、二维码的制作及附录由甘婷博士完成。关键诗句的画稿由绘画专业研究生郭静与王艺洁完成；诗词音频的录制由播音与主持专业的马蕾行、王尚怡和王泓杰同学完成。这里还需特别感谢我的研究生刘昊真、郑晓燕、李付娟、刘晓欣、王俐力和徐文婷等在资料的收集与整理方面所做的努力。

　　《中国古典诗词选读130首》撰写、修改和出版过程中得到各方面的支持与帮助。

　　首先感谢西北师范大学有关部门和单位的有力支持。

　　感谢靳健教授对国际中文教育的关心，在文本的成文过程中提出了建设性意见，给予了悉心帮助。

　　感谢田河教授对文本的撰写、出版与学科建设的关系问题提出的宝贵意见，给予的大力支持。

　　感谢中国社会科学出版社重大项目出版中心编辑张潜老师、王丽媛老师提出的宝贵意见与建议，在编辑出版中付出的辛勤努力。